오규설, 염성군, 이다연 지음

테크빌교육

생성형 인공지능을 활용하여 학생들의 능력을 평가하고, 그 결과를 교육적으
로 활용하는 방법들을 구체적으로 제시하는 이 책은 디지털 기술의 혜택을 교
실에서 실현할 수 있도록 안내하는 등대 같습니다. 새로운 기술을 섣불리 도
입하거나 종속되지 않고, 연구하고 나누며 교육자로서의 자아를 주체적으로
실현하는 선생님들에게서 배우는 우리 아이들의 미래는 밝고 희망찰 것이 분
명합니다.

조지워싱턴대학교 Department of Educational Leadership Program Director of
Assessment, Testing and Measurement 교수 최재화

이 책은 디지털 교과서 도입을 앞둔 지금, 디지털 평가를 개발하고자 하는 예
비교사 및 교사들을 위한 최고의 실용적 지침서입니다. 교육평가 전문가이자
교사인 저자들은 챗GPT를 활용해 교육 현장에 바로 적용할 수 있는 문항 및
평가 개발, 그리고 결과를 분석하는 과정에서 정확성을 높일 수 있는 프롬프
트를 단계별로 자세하게 소개합니다. 특히 다양한 교과목에 따른 문항 개발법
을 사례와 함께 제시함으로써 독자 누구나 이 책을 따라한다면 쉽게 자신만의
맞춤형 디지털 평가를 개발하고 수업에 적용할 수 있게 될 것입니다. 이론과
실제를 겸비한 저자들의 진지한 고민과 풍부한 노하우가 집약된 이 책을 생성

형 AI 시대를 살아갈 현재와 미래의 교사들에게 적극 추천합니다.

인천대학교 교육대학원 교수 김성연

인공지능 시대, 선생님들에게 필요한 역량은 무엇일까요? 아마도 이 시대를 읽을 수 있는 역량, 기술의 기본적인 원리를 이해하고 가능성을 예측할 수 있는 역량, 기술을 자신의 수업과 평가에 활용하여 새로운 무언가를 창조할 수 있는 역량이 필요할 것입니다. 이 책은 그러한 역량을 발휘한 '연구자이자 실천가로서의 선생님'들의 경험담이자 연구 기록입니다. 이 책은 새로운 도구의 신기효과와 효율성에 머무르지 않고, 학생평가의 본질과 인공지능의 의미 있는 결합을 안내하고 있습니다. 아마도 독자분들은 이 책을 통해 새로운 공부거리를 찾게 될 것입니다. 이 책이 반가운 이유입니다. 인공지능과 교육의 의미 있는 결합을 상상하고 실천하려는 독자분들에게 이 책을 추천해 봅니다.

서울특별시교육청 장학사, 교육학 박사 이은상

챗GPT로 대표되는 생성형 AI는 우리 사회에 다양한 변화를 가져오고 있습니다. 최근 교육현장에서도 생성형 AI를 활용하는 수업 사례들이 생겨나고 있습니다. 〈안전하게 따라하는 챗GPT 평가개발〉은 생성형 AI를 활용한 평가에 중심을 두고 선생님들이 디지털 평가의 개념을 실제적으로 이해하고 활용할 수 있도록 가이드를 제공하고 있습니다. 특히 과목별 문항 개발법을 통해 학생들에게 보다 다양한 문항을 제공할 수 있는 실제적 노하우를 제공하여 학교 현상의 평가 방법을 풍부하게 만드는 데 유용하게 쓰일 책입니다.

전 스마트교육학회 회장, 계성초등학교 교사 조기성

평가의 교육적 효과성을 더욱 높여줄,
디지털 평가 그리고 챗GPT

지금은 생성형 인공지능의 시대입니다. 알파고 쇼크 이후 체감할 수 없었던 인공지능의 발전이 학교 현장에도 영향을 미치고 있습니다. 특히 챗GPT의 상용화 이후 많은 연구자들이 앞다퉈 생성형 인공지능이 학교 현장에 미칠 영향에 대해 논의하고 있습니다. 한쪽에서는 생성형 인공지능의 발전이 21세기에 나타난 코페르니쿠스적 혁명이라고 일컫기도 하고, 또 다른 쪽에서는 이로 인해 발생할 여러 문제점을 염려하기도 합니다. 누구나 생성형 인공지능을 쓸 수 있는 지금, 앞으로 교실의 모습이 어떤 방향으로 전개되더라도 학교 현장의 선생님들은 자연어 처리 기술에 기반을 둔 생성형 인공지능에 대한 이해가 선행되어야 할 것입니다.

한편 이처럼 발전한 자연어 처리 기술과 다르게 학교 현장의 평가는 여전히 과거의 지필 평가 수준에 머물러 있습니다. 지면을 통해 개발하고 시행하는 평가는 여러 제약을 낳습니다. 때문에 디지털 시대의 학생들은 학교에서 제한된 평가 영역에 대해 평가를 치르고 있습니다. 이와 같은 불일치는 현실과 학교 현장을 점점 더 멀어지게 할 수 있습니다.

최근 디지털 시대에 발맞추어 디지털 교과서의 연구와 개발이 한창입니다. 2025년부터 초등학교와 중학교를 시작으로 교수·학습 자료로서 디지털 도구가 보급될 것입니다. 교수·학습과 평가는 학교에서 이루어지는 일련의 일관된 활동입니다. 따라서 디지털 교과서의 보급에 따라 현장의 교사들이 디지털 평가를 설계하고 시행할 수 있어야 합니다.

디지털 평가는 디지털 형태로 평가 설계, 시행, 결과 분석의 과정을 시행하는 평가를 말합니다. 디지털 평가는 멀티미디어 영역을 평가 영역으로 포함할 수 있고, 선다형 이외의 다양한 문항 유형을 손쉽게 구현할 수 있습니다. 또한 디지털 기술로 가능한 여러 기능을 평가에 포함하여 평가의 접근성과 편의성을 제고할 수 있습니다. 무엇보다도 평가의 전 과정을 디지털 형태의 데이터로 구현하여 현장에서 쉽게 평가 결과를 분석하고 이를 활용할 수 있습니다.

이 책에서는 생성형 인공지능을 활용하여 디지털 평가를 개발하는 방법을 소개합니다. 최근의 생성형 인공지능은 복합양식 언어 모델로 텍스트는 물론 이미지와 음성도 처리할 수 있습니다. 이러한 생성형 인공지능을 활용하여 이 책에서는 디지털 형태의 평가 초안을 개발하고 이를 조정하여 디지털 플랫폼에서 평가를 시행하는 방법을 단계별로 설명합니다. 그리고 평가의 개발은 각 교과별로 고유한 특수성을 고려해야 합니다. 이를 위해 이 책에서는 각 교과의 특수성을 고려하여 문제, 지문, 자료, 선지의 개발에 대한 방법을 다양한 사례와 함께 제시하였습니다.

프랑스의 철학자 앙리 베르그송은 인간의 본질을 '도구를 이용해 유·무형의 산물을 만들어내는 존재'인 호모 파베르로 정의하였습니다. 우리는 생성형 인공지능이라는 도구를 활용하여 현재의 교실 평가를 '창조적 진화'로 이끌 수 있습니다. 생성형 인공지능을 교육 평가의 진화를 위한 도구로 제시한 이

책이 학교 선생님들, 예비 선생님들, 그리고 교육 정책 입안자들에게 도움이
되기를 바랍니다.

저자 일동

차례

5장. 평가 시행하고 결과 분석하기

1장

디지털 평가 만들기

- ☑ 디지털 평가의 개념과 특징
- ☑ 디지털 평가의 체제: 문항 만들기, 평가 시행하기
- ☑ 평가 개발 핵심요소 5

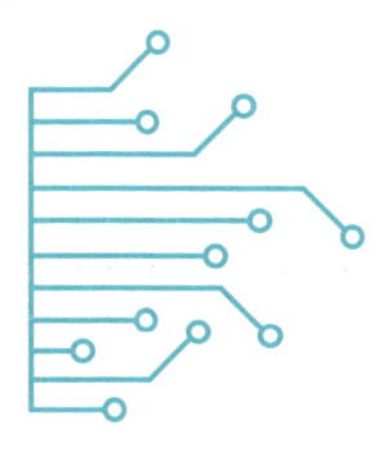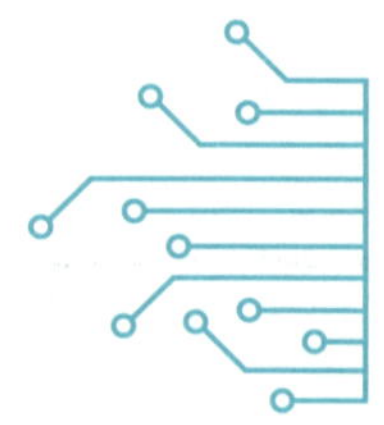

디지털 평가의 개념과 특징

교육에서 평가assessment는 평가 도구를 활용하여 학습자의 능력을 측정하고 추론하는 일련의 과정입니다. 이때 측정measurement은 학생이 가지고 있는 능력, 이를테면 지식knowledge, 기능skill, 역량competence 등을 도구를 활용해 재는 인지 심리학적 행위라는 개념을 내포합니다. 추론inference은 평가 도구에 대해 학습자가 응답response한 바 혹은 그것을 수치화한 값으로부터 교사가 학습자의 능력에 대한 판단을 도출해 가는 행위입니다.

✷ 평가의 단계

평가는 크게 개발, 시행, 분석, 피드백의 네 단계를 포함하는 과정입니다. 이 책에서는 현재 평가 연구에서 널리 활용되고 있는 '증거 중심 평가 설계Evidence Centered assessment Design'의 관점에서 평가를 설명하겠습니다.

평가의 과정

개발assessment development 단계

평가하고자 하는 평가 영역assessment domain을 설정하고 이를 분석하여 평가 요소를 추출합니다. 평가 요소를 가장 적절하게 측정할 수 있는 평가 방법을 결정하고 이를 바탕으로 평가 명세blueprint를 작성한 뒤 이를 근거로 평가 도구를 개발합니다. 이때 개발된 전체 평가 도구를 검사test라고 하고, 개별 평가 항목을 문항item이라고 합니다.

시행assessment delivery 단계

개발된 평가 도구를 학습자에게 제시합니다. 학습자가 정해진 조건에 따라 평가 도구에 대해 응답을 기록하고 평가자는 이를 거두어 모읍니다. 이를 응답 수집response collection이라고 합니다. 응답 수집 이후에는 평가자가 채점scoring 을 진행합니다. 채점 과정에 의해 학습자의 응답은 정답과 오답을 나타내는 1과 0으로, 혹은 다분 문항의 경우 그 이상의 점수로 변환됩니다.

응답response

교육 평가에서 '응답'이란 학습자가 문항에 대해 답을 하거나 답안을 기호로 작성하는 행위, 또는 그렇게 답안으로 작성한 기호 일체를 포괄하는 개념입니다. OMR 카드에 표시하는 마킹, 수행평가 과제물이나 서·논술형 답안지에 작성하는 글자나 부호 등 기호들이 모두 응답의 예입니다. 수집된 응답은 이어지는 분석 단계에서 수치로 변환되어 통계적으로 처리됩니다.

분석_{assessment analysis} 단계

채점한 학습자의 응답으로부터 문항 정보와 학습자의 능력을 추정합니다. 고전검사이론CTT이나 문항반응이론IRT 등 평가 이론이 활용되는 이 단계에서 추정은 통계적 추정statistical estimation을 의미합니다. 문항 정보란 문항 난이도, 변별도 등의 정보를 의미하고 학습자 능력은 평가에서 측정하고자 하는 미지의 능력에 대한 추정치를 말합니다.

피드백_{feedback} 단계

분석 단계에서 얻은 학습자의 능력 추정치를 가지고 교사가 추론하여 학습자의 능력 수준을 결정하고 평가의 목적에 따라 적절한 정보를 학습자에게 제공합니다.

☀ 평가 도구

평가 도구는 평가 전반의 특성을 결정합니다. 개발되는 문항과 학습자 반응의 형태에 따라 평가 체제를 지필 평가와 디지털 평가로 구분할 수 있습니다.

현재 학교에서 가장 흔히 사용되는 평가 도구는 학습자에게 문항을 제시하기 위한 종이 재질의 인쇄물과, 문항에 대한 응답을 기록하도록 하기 위한 종이 재질의 응답지나 OMR 카드입니다. 이렇게 종이로 전달하고 이에 기록하여 응답하는 방식의 평가를 통칭하는 용어가 지필 평가입니다.

지필 평가

지필 평가는 진행 과정에 다양한 제약이 있는 편입니다. 지필 형태로 제공할 수 있는 자료의 형식은 텍스트 외에 수식, 도표, 이미지 정도입니다. 지면 제약이 있기 때문에 텍스트가 쪽을 넘어가며 이어지는 경우 가독성 측면에서 문제가 발생할 수 있고, 한 개의 문항이라면 가급적 지면 안에 배치하고자 텍스트의 길이나 이미지의 사이즈, 문항 순서 등을 조정해야 한다는 불편이 따릅니다. 또한 문항 자체나 편집상의 오류가 발생했을 경우 시험지를 다시 출력해야 하는 문제도 있습니다. 그뿐만 아니라 출력된 시험지의 인쇄 상태를 확인하고 시험지를 분철하고 봉인하는 등 손이 꽤 많이 가며 유출의 우려가 있어 평가 보안의 측면에서도 지필 평가는 취약성을 내포하고 있습니다. 평가를 시행한 뒤에는 채점하기 위해 OMR 카드를 OMR 리더에 넣어 학습자의 응답을 데이터로 변환하는 별도의 작업이 필요합니다.

학습자 입장에서도 마찬가지입니다. 학습자에게는 종이 시험지를 받아 문항을 풀고 정답을 시험지에 기록한 뒤 이를 OMR 카드에 수성 사인펜 마킹 등의 방식으로 옮겨 적어야 하는 작업이 부가됩니다. 이는 학습자에게 OMR 카드에 답안을 마킹하는 기능과 시험 시간의 관리라는 별도의 인지 능력을 요구합니다. 학습자가 OMR 카드로 답을 옮기는 과정에서 일어나는 오류나 누락 등의 문제는 지필 평가라는 특정한 평가 유형에 수반되는 문제입니다. 이는 지필 평가에서는 문항 개발, 수행, 분석 등 거의 모든 단계에서 인간의 개입이 일어난다는 것을 의미합니다.

디지털 평가

디지털 평가는 평가의 개발, 시행, 분석 등 평가 과정 전반에 사용되는 모든 정보가 디지털 형태의 데이터로 구현되는 평가를 말합니다. '디지털'이란 좁은 의미에서 컴퓨터가 처리할 수 있는 데이터 형식을 의미하며 넓은 의미에서는 데이터를 송수신하고 소프트웨어로 처리하는 방식 전체를 아우르는 개념입니다.

✳ 디지털 평가의 특징

첫째, 평가에서 멀티미디어를 다룰 수 있습니다.

텍스트 외에도 음성, 이미지, 동영상 등 다양한 양식의 정보가 혼합된 멀티미디어는 디지털 형태의 데이터로 처리하기 용이합니다. JPG(이미지), MP3(음성), MP4(동영상) 등의 압축 포맷 형식 파일의 멀티미디어 콘텐츠를 문항 내부에 노출할 수 있습니다. 이는 지필 평가에 비해 평가 영역을 넓혀 줍니다.

예를 들어 국어과의 경우 지필 평가 방식에서는 텍스트, 이미지 정도만 문항에 활용할 수 있었기 때문에 방송과 유튜브 등의 동영상 콘텐츠를 평가에 활용할 수 없었습니다. 그러나 디지털 평가 방식은 인터넷의 수많은 콘텐츠를 활용할 수 있으므로 평가 영역을 디지털 리터러시(문해력)와 같은 영역까지 확장하여 평가를 할 수 있게 되었습니다.

둘째, 다양한 문항 형식을 손쉽게 구현할 수 있습니다.

지필 평가에 주로 활용되는 문항 형식은 선다형과 구성형(단답형 및 서술형)입니다. 선다형의 경우 선지를 활용한 4지선다형이나 5지선다형 문항이 대체로 사용되는 편입니다. 그러나 선다형multiple choice 외에도 짝짓기형matching, 순서형sequence, 목록 선택형select from lists, 끌어놓기형drag and drop, 체크리스트형checklist, 위치지정형hotspot, 모의실험형simulation 등 다양한 문항 형식이 있습니다. 지필 평가에서는 이런 다양한 문항 형식을 두루 구현하기 어려웠지만 디지털 평가에서는 클릭 몇 번으로 아주 쉽게 구현할 수 있습니다.

다양한 문항 형식을 구현할 수 있다는 사실은 평가에서 꽤 유의미합니다. 문항의 목적에 알맞은 최적의 형식을 선택하여 질문하고 응답을 받는 것이 평가 타당도를 높이는 데 기여하기 때문입니다. 평가의 타당도가 높으면 학습자의 능력을 보다 더 올바르게 추론할 수 있습니다. 또한 학습자의 다양한 학습 성향에 맞는 다양한 문항 유형을 제공할 수 있기 때문에 평가가 학습자의 성취 수준을 파악하기 위한 평가를 넘어 학습자로 하여금 평가를 통해 학습하도록 하는 '학습을 위한 평가assessment for learning'로 나아가도록 할 수 있습니다.

셋째, 학습자의 접근성accessibility과 편의성usability을 높일 수 있습니다.

디지털 텍스트만 보더라도 스크롤, 하이퍼링크, 검색, 확대/축소, 텍스트 하이라이트 등 다양한 기능이 포함되어 있습니다. 스크롤 기능은 지필 평가의 텍스트 분량 제약을 해소해 주고 하이퍼링크는 다문서 읽기와 같은 평가 영역을 구현할 수 있게 해 줍니다. 학습자가 접하는 웹사이트를 링크로 연결해 평가에 반영하면 평가의 실제성을 높일 수 있습니다. 검색, 확대/축소 기능과 텍스트 하이라이트 기능은 학습자가 텍스트를 효과적으로 읽을 수 있도록 도와줍니다. 여기에 번역 또는 사전 기능을 제공하면 학습자가 제2언어의 제약을 넘어설 수 있도록 도와줄 수 있습니다.

넷째, 평가의 개발, 시행, 분석 과정을 데이터 기반 체제로 구현할 수 있습니다.

디지털 평가로는 평가 문항, 학습자의 응답, 채점 결과, 피드백 등을 데이터로 처리하여 저장, 전송, 변환할 수 있습니다. 평가를 준비하고 운영하는 개발, 시행, 분석 등의 관리 측면에서는 시간과 자원의 효율성을 향상시킬 수 있고,

채점과 피드백의 자동화가 가능해지기 때문에 평가 결과의 활용 측면에서 교사의 업무 부담을 경감시킬 수 있습니다. 특히 디지털 평가의 즉시적 피드백 제공은 학습과 평가의 긍정적 효과를 높이는 데 기여합니다.

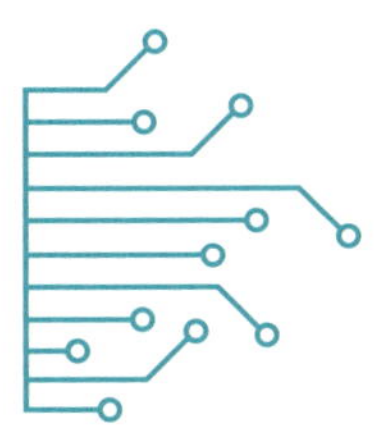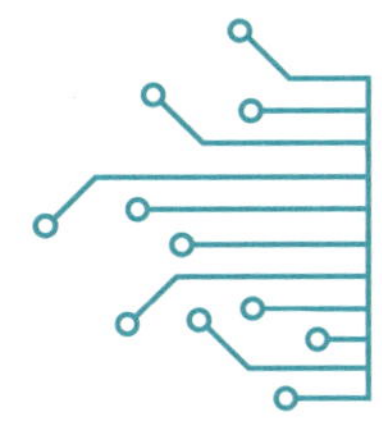

디지털 평가의 체제 system

디지털 평가의 체제 system 는 크게 '문항 생성 체제'와 '평가 시행 체제'로 나눌 수 있습니다.

TIP

문항 생성 vs. 문항 개발 vs. 평가 개발
규칙 기반의 문항 생성기를 활용하여 문항을 만드는 기술을 평가 공학 assessment engineering 분야에서 '문항 생성 item generation'이라고 부릅니다. 한편 '문항 개발 item development'이라는 표현은 학교 현장에서 교사들이 문항을 출제하는 행위를 통칭하는 데 쓰이고, '평가 개발 assessment development'은 평가 도구 전반을 구축하는 것을 의미합니다.

✳ 문항 만들기 : 문항 생성 체제 item generation system

문항 생성 체제란 문항을 개발하는 일련의 기능을 포함하되 평가 영역을 구체적인 문항으로 만들기 위한 체계적인 절차를 따릅니다. 디지털 평가에서는 '규칙 기반 접근'과 '데이터 기반 접근'으로 나누어 살펴볼 수 있습니다.

규칙 기반 접근rule-based approach

문항 내에 포함된 정보들의 논리적 관계 규칙을 설정하여 문항 생성기item generator를 통해 규칙에 따라 문항을 생성합니다. CAFAComputer Adaptive Formative Assessment가 규칙 기반 접근을 활용한 대표적인 문항 생성 체제입니다. 규칙 기반 접근은 문항 내의 논리적 규칙에 따라 문항을 생성하므로 평가자의 의도와 일치하는 문항을 생성할 수 있으며, 문항의 오류가 발생하지 않습니다. 규칙에 따라 문항 내 정보를 조합하여 생성하므로 평가 의도에 부합하는 양질의 문항을 대량으로 생성할 수 있습니다.

데이터 기반 접근data-driven approach

기계 학습machine learning을 활용하여 대량의 문항 데이터를 처리한 뒤 문항을 생성하는 방식입니다. 다음 장에서 다룰 챗GPT와 같은 생성형 인공지능을 이용해 문항을 생성하는 것이 대표적인 데이터 기반 접근 방식의 문항 생성 체제입니다. 데이터 기반 접근은 평가자가 문항에 대한 정보를 프롬프트로 제공하면 자동으로 문항을 생성하므로 문항 유형을 비롯하여 문항에 포함된 텍스트와 각종 자료, 선지, 피드백을 신속하게 생성할 수 있는 접근법입니다.

규칙 기반 접근과 데이터 기반 접근에는 각기 단점이 있습니다. 규칙 기반 접근의 경우 문항의 내적 논리 체계를 규칙으로 구현하는 데 평가자의 전문성과 시간이 필요합니다. 또한 문항 내 규칙을 생성하기 어려운 문항 유형도 있습니다.

데이터 기반 접근은 대규모 언어 모델에 의존하므로 데이터의 품질에 따라 문항의 질이 결정됩니다. 만약 학습된 문항 데이터가 양질이 아닌 경우라면 질이 낮은 문항이 생성될 수 있습니다. 또한 언어 모델의 특성상 문맥을 기반으로 텍스트를 확률적으로 생성하므로 문항 오류가 발생할 가능성이 있습니다.

각각의 접근법을 보완하고자 두 가지를 혼합하여 활용하는 '혼합 접근hybrid approach'을 활용할 수도 있습니다. 챗GPT와 같은 생성형 인공지능을 활용해 다양한 주제와 유형의 정보를 생성하고, 이 정보를 문항의 내적 규칙에 맞게 코딩하여 문항 생성기를 통해 문항으로 생성할 수 있습니다.

✦ 평가 시행하기 : 평가 시행 체제assessment delivery system

평가 시행 체제란 평가의 시행, 채점, 결과 분석, 피드백을 통합적으로 관리하고 실행하는 체계를 의미합니다. 디지털 평가의 시행은 다음과 같은 과정을 포함합니다.

① 평가자는 디지털 형태로 구현한 평가 문항을 데스크톱, 노트북, 태블릿, 스마트폰 등 디지털 디바이스에 제시합니다.
② 학습자가 클릭, 탭, 입력 등의 형태로 자신의 응답을 데이터로 변환하여 제출합니다.
③ 학습자의 응답 데이터가 서버로 전송되어 채점이 진행됩니다. 채점은 자동 채점과 수동 채점 방식이 모두 있습니다. 자동 채점은 서버에 저장된 정답 데이터와 비교하여 이루어지는 채점이고, 수동 채점은 평가자가 학습자의 응답을 보고 직접 채점한 값을 입력하는 채점입니다. 이를테면 구성형 문항에 대해 학습자가 쓴 텍스트, 수식, 기호 등을 보고 평가자가 채점한 뒤 이 값을 데이터로 입력할 수 있습니다.

④ 문항 정보와 학습자 능력 모수에 대한 분석이 결과 분석 엔진에서 실행됩니다. 이때 결과 분석 엔진은 문항 분석 소프트웨어나 구글 시트와 같은 문서 도구에 내장된 문항 분석 코드로 구현할 수 있습니다. (이 책에서는 편의성을 충족하는 후자의 방식으로 분석하는 방법을 5장에서 소개합니다.)

⑤ 분석 결과가 학습자에게 제공됩니다. 분석 결과는 성취 수준 데이터, 이에 따른 피드백 데이터와 연동되어 학습자에게 제공되는데 피드백은 평가의 목적에 따라 다른 절차로 구현될 수 있습니다. 진단 평가의 경우 학습자의 현재 수준을 진단한 정보와 그에 따른 처방 정보를 피드백으로 제공하고, 형성 평가의 경우 성취 수준에 따라 각기 다른 추가 학습 과제를 피드백으로 제공하며, 총괄 평가의 경우 성취 수준에 대한 정보를 종합하여 피드백으로 제공할 수 있습니다. 이와 같이 각기 다른 평가 목적에 따라 피드백 데이터와 데이터 구조를 다르게 구성하여 분석 결과를 제공할 수 있습니다.

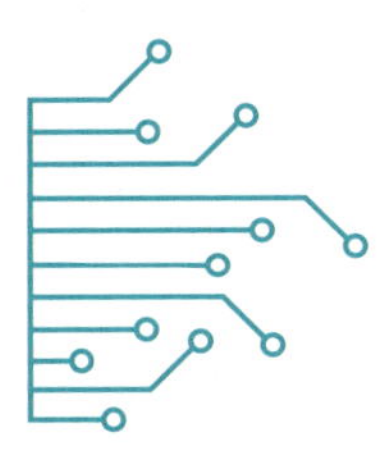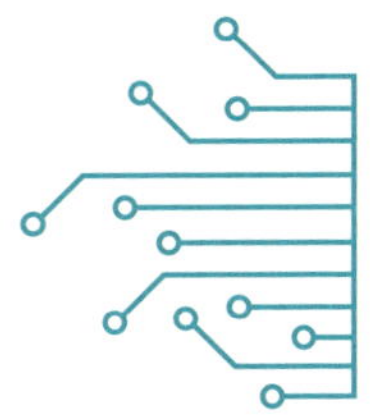

평가 개발 핵심요소 5

디지털 평가의 주요 요소에 대해 알아보겠습니다. 디지털 평가는 지필 평가와 요소나 항목이 다른 건 아닙니다. 다만 다만 몇 가지 요소가 지필 평가보다 더 확장적인 측면을 가지고 있습니다. 어떤 평가에서든 문항은 다음 다섯 가지를 핵심요소로 두고 있습니다. 다섯 가지는 성취기준, 평가 요소, 문항 유형, 문항, 피드백입니다.

성취기준standard

국가 수준 교육과정 문서에 각 교과의 과목마다 성취기준이 명시되어 있습니다. 성취기준은 "영역별 내용 요소를 학습한 결과 학생이 궁극적으로 할 수 있거나 할 수 있기를 기대하는 도달점"입니다[*]. 이 성취기준에는 과목 내의 영역과 내용 요소가 포함되어 있습니다. 즉 성취기준은 평가 영역 설정의 중요

---

[*] 교육부(2022). 초·중등학교 교육과정 총론. 교육부 고시 제2022-33호 [별책1]. 교육부.

한 기준이 됩니다.

평가 요소 assessment component

성취기준에 포함된 내용 요소 중 평가자가 평가하고자 하는 것으로, 교육부의 학생평가지원포털*에는 "평가의 목표와 특성을 고려하여 교육과정 성취기준에서 도출되며 학생들의 수행 정도를 판단할 수 있도록 지식, 기능, 태도와 같은 구체적인 내용으로 기술되어야 합니다."라고 제시되어 있습니다. 성취기준의 내용 요소 모두가 평가 요소가 될 수도 있고, 평가자가 특정 요소로 한정할 수도 있습니다.

문항 유형 item format

선다형, K-형, 진위형, 짝짓기형, 구성형, 논술형과 같은 문항의 질문 구조를 의미합니다. 문항의 유형은 평가 요소를 가장 타당하게 평가할 수 있는 것으로 선정해야 합니다. 예를 들어 국어 과목의 읽기 영역에서 '주제 파악'과 같은 평가 요소는 구성형 문항 유형을 활용하는 것이 평가의 타당성을 가장 높일 수 있습니다. 그러나 선다형에 익숙한 현장에서는 텍스트의 주제 후보가 되는 5개의 선지를 개발하곤 합니다. 이는 엄밀하게 볼 때 주제에 대한 정보를 선지에서 제공하기 때문에 '주제 파악' 기능을 온전히 평가하는 것이라고 보기 어렵습니다.

문항 item

평가 도구의 실체로, 학습자가 응답을 선택, 구성하거나 과제를 수행하도

---

* https://stas.moe.go.kr/cmn/main

록 하는 단일 진술single statement, 질문question, 연습exercise, 문제problem, 과제task 등을 지칭합니다. 일반적으로 선다형 문항은 다음과 같은 하위 구성요소를 가지고 있습니다.

- 문두stem: 학습자가 응답해야 하는 문제를 제기하는 선다형 문항의 질문 부분으로, 평가 요소 및 학습자의 올바른 응답 방식에 대한 정보를 포함하고 있습니다. ⑩ 윗글의 내용으로 적절한 것은?
- 자료stimulus: 프롬프트prompt라고도 하며, 학습자가 응답하기 위해 사전지식을 활성화하고 분석을 필요로 하는 요소를 말합니다. 디지털 평가에는 읽기 텍스트, 지도, 차트, 그래프, 그림, 사진, 음성, 동영상 등이 포함됩니다.
- 선지options: 선다형 문항에서 학생들이 선택할 수 있는 모든 선택 사항을 말합니다.
- 정답correct answer: 선다형 문항에서 요구하는 바 또는 평가 요소에 부합하는 정보를 포함한 선지로, 정확한 또는 최선의 응답을 말합니다. 일반적으로 선다형 문항에서 정답은 하나만 존재해야 합니다. 이는 문항 개발의 필수 조건인 무결성integrity과 직접적으로 관련되어 있습니다.
- 오답지distractor: 선다형 문항에서 요구하는 바 또는 평가 요소에 부합하는 정보와 거리가 먼 정보를 포함한 선지로, 평가 영역에 대한 내용 지식, 기능 또는 역량이 부족한 학습자가 답할 가능성이 있다고 간주되는 선지를 말합니다. 오답지는 명백히 정답이 아니어야 하며, 그럴듯할수록plausibly 좋은 오답지라고 할 수 있습니다.
- 해설commentary: 넓은 의미에서 피드백의 한 종류로, 학습자나 교사에게 해당 문항의 답안과 관련된 배경 정보, 해설, 또는 이해를 돕는 추가적

인 설명을 제공하는 내용을 의미합니다. 문항에 대한 정보, 정답의 근거, 오답지의 근거를 포함합니다.

피드백feedback

학습자에게 성취 수준, 오답 혹은 감점에 대한 이유, 개선 방향에 대한 정보를 제공하는 일 또는 그 정보를 말합니다. 디지털 평가에서의 피드백은 즉각적이고 맞춤화된 형태로 제공할 수 있어서 학습자의 학습 효과를 높이는 데 중요한 역할을 수행할 수 있습니다.

디지털 평가는 지필 평가에 비해 문항을 이루는 자료와 선지의 범위를 확장시켜 줍니다. 앞서 언급했던 것처럼 멀티미디어 파일을 자료 및 선지로 손쉽게 제공할 수 있고, 기존의 지필 평가에서 구현할 수 없었던 다양한 문항 유형을 구현할 수 있다는 측면 때문입니다. 말하자면 디지털 평가는 전통적인 지필 평가 방식의 한계를 극복하게 해 주며 기술의 발전과 함께 더욱 다양하고 효율적인 평가 방법을 제공할 것으로 전망할 수 있습니다.

2장

챗GPT 기본기 다지기

- ☑ 유창한 챗GPT의 머릿속
- ☑ 완전 간단! 챗GPT 사용법
- ☑ 문항개발 프롬프트 기본원리 ABC

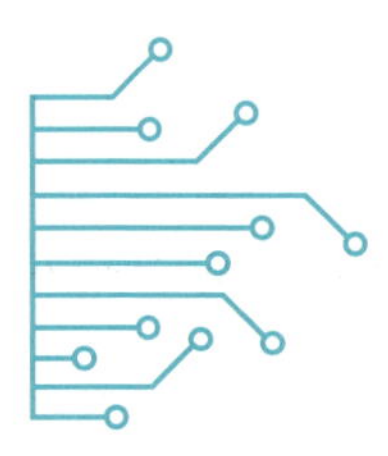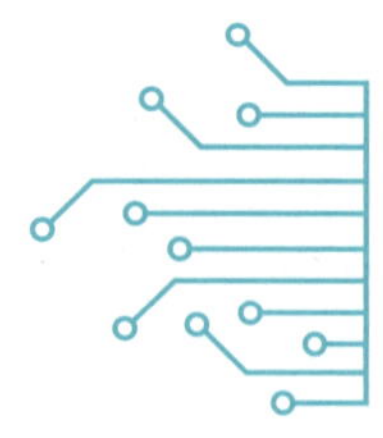

유창한 챗GPT의 머릿속

인공지능은 인간의 지적 행위, 이를테면 이미지 인식, 복잡한 계산 수행, 텍스트 이해 등 인간의 지적 기능을 컴퓨터가 수행하는 기술을 의미합니다. 인공지능 중에서도 학습한 데이터를 바탕으로 텍스트 이해나 이미지 인식을 넘어 새로운 콘텐츠를 생성해 내는 인공지능 기술을 생성형 인공지능Generative AI이라고 합니다. 생성형 인공지능에는 챗GPT 외에도 구글의 제미나이Gemini, 네이버의 하이퍼클로바XHyperCLOVA X 등이 있습니다.

세상을 떠들썩하게 했던 오픈AI의 챗GPT는 대화형 인공지능이자 생성형 인공지능입니다. 채팅 방식으로 대화하며 이용하는 이 인공지능은 사용자의 자연스러운 대화 텍스트로부터 사용자의 요구를 파악하고, 그 요구에 부응하는 텍스트를 자연스러운 언어로 생성하여 사용자에게 제공합니다. 대화의 자연스러움과 새로운 텍스트를 생성하는 챗GPT의 성능에 전 세계가 크게 놀랐습니다.

챗GPT는 어떻게 사람이 쓴 것과 유사한 텍스트를 생성할 수 있을까요? 이는 먼저 컴퓨터의 언어와 인간의 언어가 다르다는 점에서 출발합니다.

✵ 인공지능의 머릿속에서 벌어지는 일 : 토큰화, 임베딩

한국어, 영어처럼 인간 사회에서 자연스럽게 발생하여 의사소통에 사용되는 언어를 자연어natural language라고 합니다. 반면 인공어artificial language란 컴퓨터가 인간의 명령을 처리할 수 있게 한다는 의도를 가지고 인공적으로 만든 언어로, 컴퓨터에서 사용되는 프로그래밍 언어가 이에 해당합니다. 컴퓨터의 물리적인 프로세서는 0과 1의 전기적 신호만 처리할 수 있는데 이를 기계어라고 부릅니다. 인간은 각종 프로그래밍 언어로 코딩을 해서 프로그램을 개발한 뒤 컴파일러compiler와 같은 기계어 번역 프로그램을 활용해 컴퓨터가 다양한 작업을 직접 처리할 수 있도록 0과 1의 이진수로 번역하여 전달합니다.

컴퓨터가 인간으로부터 정보를 입력받는 방식은 다양합니다. 우리가 쓰는 언어를 텍스트로 입력할 수 있고, 컴퓨터에게 음성으로 들려줄 수도 있습니다. 그럼 챗GPT라는 대화형 인공지능처럼 정보를 인간의 자연어로 입력받은 컴퓨터는 어떤 과정을 거쳐서 이를 처리하게 되는 것일까요?

컴퓨터는 인간의 언어를 이해하거나 직접 처리할 수 없습니다. 다만 자연어를 처리하기 쉽게 토큰으로 바꾸고, 토큰을 숫자로 치환하여 계산을 수행합니다. 이러한 기술을 임베딩embedding이라고 합니다. 이 과정을 이해하기 위해 우선 '토큰'이라는 개념부터 알아보겠습니다.

토큰token 과 임베딩

토큰은 컴퓨터가 자연어를 처리하기 위해 텍스트를 나누는 단위입니다. 텍스트를 토큰으로 분할하는 토큰 생성기를 토크나이저tokenizer라 합니다. 초기의 토크나이저는 단어를 기준으로 토큰을 나누었는데 현재 생성형 인공지능들은 각자가 가장 효율적이라 보는 방식으로 토큰을 나눕니다. 다음은 챗GPT가 토큰을 처리하는 예시입니다.

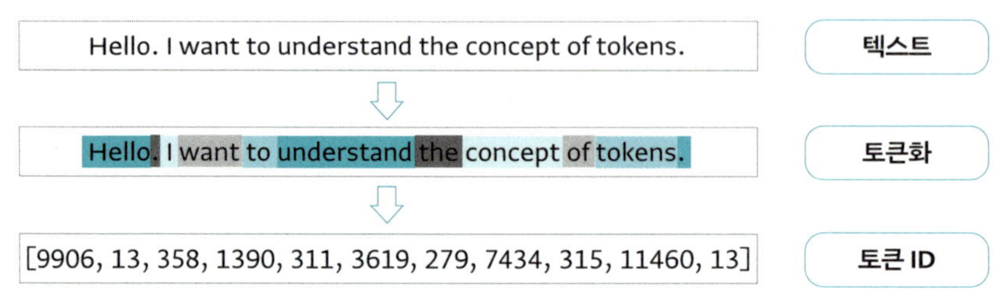

텍스트의 토큰화 및 임베딩 과정

이 그림은 임베딩 과정을 보여 줍니다. '텍스트'가 자연어로 입력되어 들어오면 챗GPT는 자신이 처리하기 쉽도록 자연어를 '토큰'으로 분할합니다. 그런 뒤 이 토큰들을 '숫자' 형태(주로 벡터)로 다시 한번 변환하여 보다 처리하기 쉽게 만듭니다.

그림의 '토큰화' 부분은 오픈AI가 제공하고 있는 실제 챗GPT의 토크나이저*에 텍스트를 입력했을 때 받아 볼 수 있는 결과물입니다. 사용자가 입력한 텍스트를 받아들이기 위해 챗GPT가 텍스트를 여러 색의 토큰으로 쪼개 구분해 놓은 것을 확인할 수 있습니다. 그다음 '토큰 ID' 단계에서는 각 토큰이 숫자로 변환되어 있습니다. 챗GPT에게 인간의 말은 바로 이 숫자들, 즉 임베딩의 결과값입니다. 이것으로 다양한 계산과 작업을 수행하는 것입니다. 인공지능과의 대화가 물흐르듯 자연스럽더라도 이것이 '기계가 인간의 언어를 이해

---

* 챗GPT의 토크나이저. 영문 텍스트에 대해서만 서비스를 제공하고 있다(2024.04.17. 기준). https://platform.openai.com/tokenizer

했다'고 보기는 어려운 이유입니다.

챗GPT가 자신이 할 말을 정해 인간의 언어로 출력해 내는 과정은 이와 방향만 반대입니다. 임베딩 결과물인 숫자 배열은 생성형 인공지능이 가지고 있는 '매개변수'라는 것에 의해 특정 토큰이 나올 확률로 계산되는데 가장 높은 확률을 가진 토큰을 순서대로 출력한 뒤 이 토큰들을 자연어로 치환한 것이 바로 우리가 보게 되는 챗GPT의 답변입니다.

✵ 인공지능이 자연어를 학습하는 법
: LLM, 매개변수, 트랜스포머

그러면 챗GPT는 사람처럼 인간의 말을 '이해'한 것도 아닌데, 어떻게 정말 사람과 대화하는 듯한 자연스러운 말투로 대화하고 사용자의 지시나 요구에 전문가 수준으로 보이는 답변을 제공해 줄 수 있는 걸까요? 챗GPT가 대규모 언어 모델Large Language Model, LLM에 기반하고 있기 때문입니다.

대규모 언어 모델(이하 LLM)은 온라인과 오프라인을 포함한 엄청난 분량의 텍스트 데이터(말뭉치, corpus)를 처리하여 수많은 '매개변수'를 만들어 저장해 둔 일련의 확률 분포를 말합니다. 이때 확률 분포라는 것은 수많은 텍스트 데이터의 토큰 배열을 학습하여, 특정 맥락에서 특정 토큰 앞뒤로 나올 토큰의 확률을 계산할 수 있는 하나의 확률적 모형입니다. 이 확률 분포에 의해 챗GPT는 사용자가 요청한 프롬프트에 대해 확률적으로 대답될 가능성이 높은 토큰을 도출하여 문장으로 생성해 냅니다.

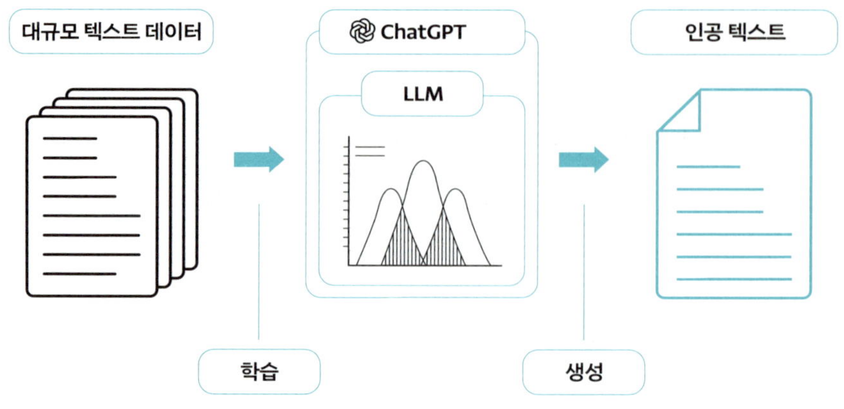

대규모 언어 모델(LLM)의 텍스트 데이터 학습 및 생성 과정

LLM은 심층 학습deep learning 알고리즘을 활용하여 대량의 텍스트 데이터를 학습합니다. 이때 학습train이란 텍스트 데이터를 처리하여 최적의 함수를 찾는 과정을 말합니다. 최적의 함수를 찾는다는 표현은 심층 학습이 데이터의 패턴을 파악하여 가장 적합하게 처리하는 함수를 찾아내는 과정이기 때문에 쓰는 표현입니다.

심층 학습이 심층 신경망deep neural network을 통해 진행되면 각 수치들의 패턴을 가장 잘 표현할 수 있는 가중치weight와 편향bias이 만들어지는데 이것이 매개변수parameter입니다.

많은 텍스트를 학습할수록 이 매개변수의 숫자가 많아집니다. 매개변수의 수가 많아지면 언어 모델이 복잡하고 세밀한 자연어의 패턴을 학습할 수 있습니다. 이에 따라 사용자가 입력한 프롬프트의 의도를 더 정확하게 파악하고, 이에 부합하는 정교한 텍스트를 생성할 수 있습니다. 또한 다양한 텍스트를 학습하여 얻게 된 매개변수의 증가로 인해 언어 모델은 다양한 응답을 제공할 수 있고, 보다 더 일반화된 능력을 가지게 되어 학습하지 않은 텍스트에 대해서도 정확한 응답을 생성할 수 있게 됩니다.

조금 더 구체적으로 알아볼까요? 챗GPT에는 LLM인 GPT가 내재되어 있습니다. GPT Generative Pre-trained Transformer는 오픈AI에서 만든, 텍스트 생성에 초점을 둔 사전 학습 언어 모델로 2017년에 구글의 연구자들이 개발한 트랜스포머 아키텍처 transformer architecture에 기반하고 있습니다. 트랜스포머는 여러 인코더와 디코더 레이어로 구성됩니다. 인코더는 입력 문장을 처리하는 부분을 말하며, 디코더는 출력 문장을 처리하는 부분을 말합니다. 예를 들어 영한 번역 작업을 수행한다면 인코더는 입력된 영어 문장을 처리하고 디코더는 인코더의 출력을 바탕으로 번역된 한국어 문장을 생성해 출력합니다.

아래 그림은 영어와 한국어 번역 모델의 예시입니다. 먼저 'I am a student'라는 문장을 입력하면 이를 토큰화한 뒤 임베딩하여 벡터 형태의 수치로 변환합니다. 이를 인코더에 투입하면 'I am a student'에 대응되는 한국어를 출력하고, 이는 다시 디코더를 거쳐 가장 확률이 높은 한국어 배열을 출력합니다. 이 과정을 반복하여 최종적으로 '나는 학생입니다'와 같은 한국어 문장을 출력합니다. 이때 ⟨sos⟩와 ⟨eos⟩는 문장의 시작과 끝을 알려주는 토큰입니다. 각기 'start of sequence'와 'end of sequence'의 줄임말입니다.

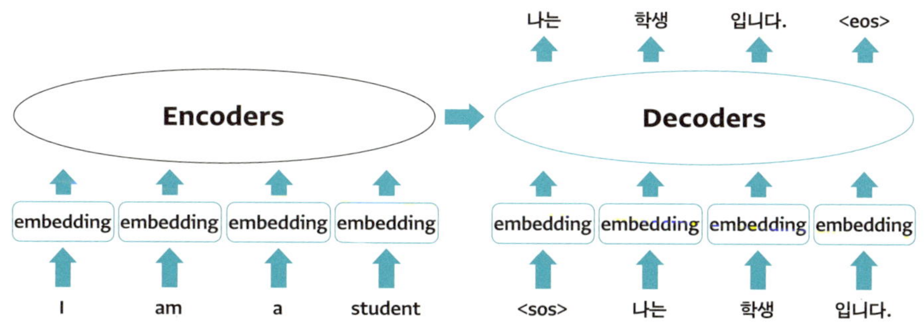

트랜스포머의 구조: 인코더와 디코더

트랜스포머의 핵심은 언어 모델이 입력된 각 부분에 각기 다른 수준의 중요도를 두어 처리하는 어텐션 메커니즘attention machanism에 있습니다. 어텐션은 인코더와 디코더의 각 레이어에서 중요한 역할을 합니다. 이 메커니즘은 언어 모델이 입력 문장의 각 단어(또는 토큰)가 문장 내의 다른 단어들과 어떻게 관련되는지 학습하도록 돕습니다. 예를 들어 문장 내의 각 단어 배열에서 문맥상 중요한 특정 단어에 더 많은 '주의attention'를 기울일 수 있습니다.

즉 트랜스포머는 GPT가 적절한 매개변수를 생성하여 복잡하고 다양한 자연어의 패턴을 효과적으로 학습하고 처리하게 합니다. 이처럼 트랜스포머 아키텍처를 중심으로 강화 학습(RLHF) 등 여러 기법을 조합하여 사전 학습한 LLM에 기반하여 챗GPT는 사용자가 입력한 프롬프트에 응답 텍스트를 생성합니다.

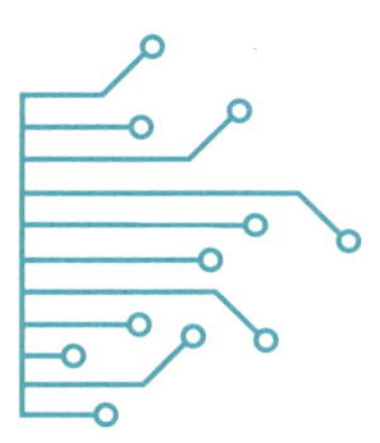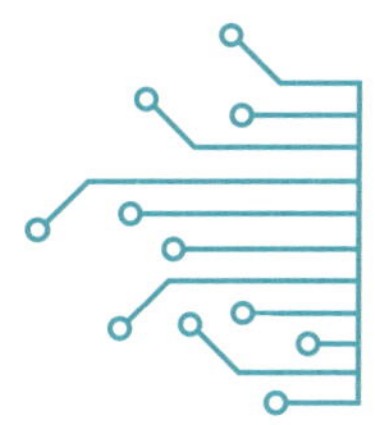

완전 간단!
챗GPT 사용법

한마디로 소개하자면 챗GPT는 오픈AI^{OpenAI}가 개발한 대규모 언어 모델 기반의 챗봇 서비스입니다. 챗GPT는 현재 생성형 인공지능 가운데서도 압도적인 사용자 수를 자랑합니다.

챗GPT 이름 해설

챗GPT는 챗봇 형식의 인터페이스를 채택하고 있고 텍스트 생성에 최적화된 GPT^{Generative Pre-trained Transformer} 모델을 포함하고 있습니다. 이 두 가지 특징은 챗GPT라는 명칭에도 부각되어 있습니다.

GPT의 G는 생성^{Generative}을 의미하며, 텍스트의 생성에 최적화된 언어 모델을 말합니다. P는 사전 학습^{Pre-trained}을 의미하며, 대규모 텍스트 데이터를 심층 학습 알고리즘을 활용하여 학습시켜 가중치 등의 매개변수를 사전에 설정하는 방식을 말합니다. T는 트랜스포머Transformer로, 앞서 설명한 인코더와 디코더를 활용하여 매개변수를 갱신하는 방식의 언어 모델을 말합니다. 정리하면 GPT는 텍스트에서 다음 토큰을 예측하도록 사전 훈련된 트랜스포머 기반 언어 모델이며, 입력된 단어의 순서에 따라 다음에 올 단어의 확률을 예측하여 텍스트를 생성하는 방식을 활용합니다.

챗GPT 인터페이스 해설

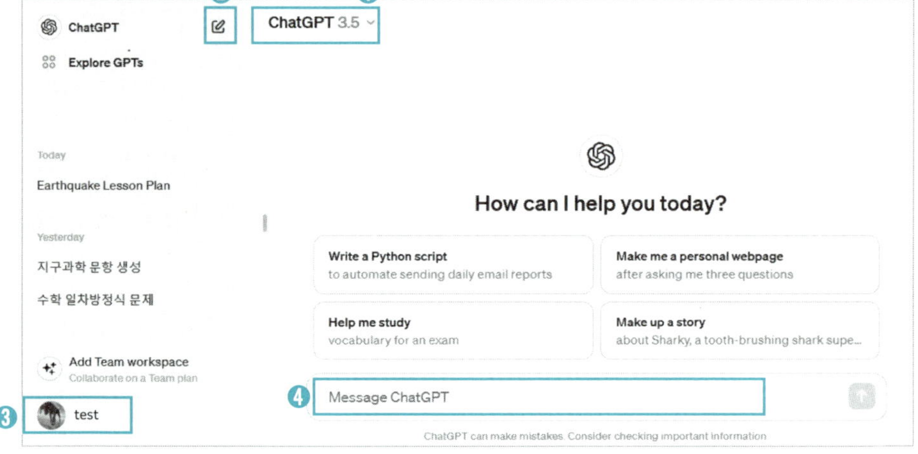

챗GPT 서비스 메인 화면 구성 (https://chat.openai.com)

❶ 챗GPT 모델을 설정할 수 있는 버튼입니다. 현재 무료 버전에서는 GPT-3.5를 사용할 수 있고, 유료 버전인 ChatGPT Plus를 구독하면 GPT-4를 사용할 수 있습니다.

❷ 좌측 메뉴바 최상단에 있는 [New chat] 버튼을 누르면 새로운 채팅을 열 수 있습니다. 아래로는 이전에 생성했던 채팅창 목록이 제공됩니다.

❸ 계정 정보를 관리할 수 있는 버튼입니다. 이곳에서 계정 업그레이드, 설

정 등을 관리할 수 있습니다.

❹ 프롬프트 입력창입니다. 이곳에 사용자가 원하는 프롬프트를 입력할 수 있습니다. 한 번에 처리할 수 있는 분량은 최대 3,000토큰(한글 1,600자 정도, 공백 포함)입니다. 처리 가능한 토큰의 양은 앞으로 더욱 늘어날 것으로 보입니다.

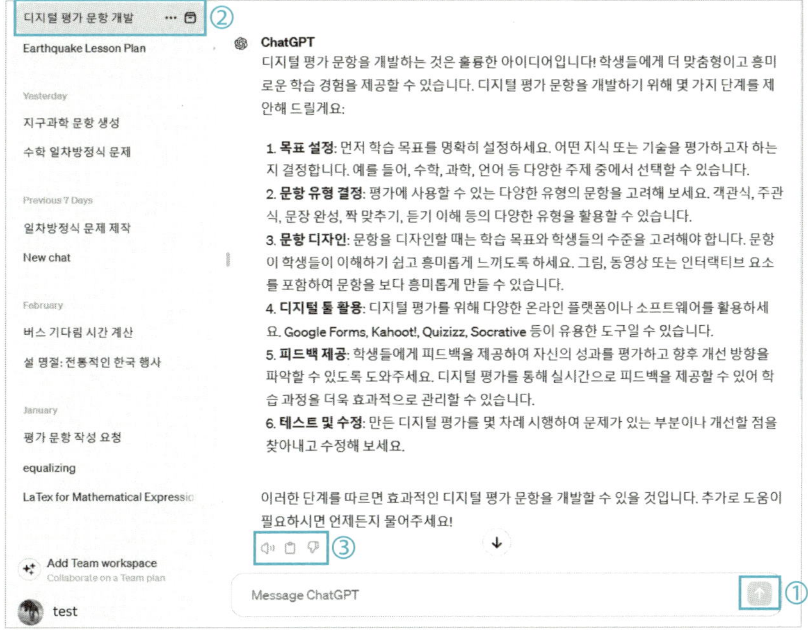

챗GPT 대화 화면 구성

① 입력창에 프롬프트를 입력하고 우측의 버튼이나 엔터 키를 버튼을 눌러 전송합니다.

② 첫 프롬프트가 전송되면 좌측 메뉴바에 채팅창이 생성되면서, 챗GPT가 즉시 답변 텍스트를 생성합니다.

③ 챗GPT가 생성한 텍스트의 우측에는 ⊲)) ⧠ ⊽ 버튼이 있습니다. 순서대로 답변을 오디오로 듣기, 클립보드에 복사하기, 부정적 피드백 보내기(별로예요) 기능이 연결되어 있습니다.

챗GPT 대화 꿀팁

하나, 챗GPT의 대화창은 각기 독립적인 작업 공간으로 사용자가 입력한 프롬프트가 저장되어 있습니다. 만약 이전에 했던 대화와 연속성 혹은 유사성이 있는 작업을 수행하는 경우라면 새로운 채팅창을 생성하는 게 아니라 이전의 대화창에서 대화를 이어나가는 것이 좋습니다. 이전의 대화내용이 저장되어 있다는 건, 나만의 매개변수가 생성되어 있다는 것이기 때문입니다!

둘, 챗GPT 3.5는 현재 생성하는 토큰 수가 4,096개로 제한되어 있습니다. 만약 요구한 텍스트의 길이가 길면 챗GPT는 제한 토큰 근처에서 생성을 멈춥니다. 이때 '계속하기' 아이콘을 누르거나 "계속해 주세요.", "계속 생성해 주세요." 등의 프롬프트를 입력하면 텍스트를 이어서 생성해 줍니다.
2023년 11월 6일 열린 오픈AI의 개발자 컨퍼런스인 데브데이DevDay에서는 GPT-4 터보Turbo의 경우 128K 콘텍스트를 지원한다고 알렸습니다. 이는 300쪽 이상의 텍스트에 해당하는 내용을 한 프롬프트에 넣을 수 있게 된다는 것을 의미합니다.

셋, 커스텀 인스트럭션custom instructions를 활용하면 새 대화창에 특정 프롬프트가 입력된 상태로 작업을 진행할 수 있습니다. 좌측 하단의 계정 아이콘을 클릭하면 커스텀 인스트럭션을 입력할 수 있습니다. 예를 들어 특정 단원의 내용이나 원하는 문항 형식을 미리 커스텀 인스트럭션으로 제공할 수 있습니다.

넷. 특정 작업을 수행하고자 할 때, 챗GPT에게 역할을 부여하고, 특정 영역에 대한 수행을 지시하면 적합한 텍스트를 제공해 줍니다. 이를 프라이밍 프롬프트priming prompt 라고 합니다. 이는 언어 모델에게 특정한 정보나 방향성을 제시함으로써 모델의 생성 결과를 원하는 방향으로 유도할 수 있는 기법입니다. 예를 들어 "당신은 초등학교 형성평가 문항 출제자입니다. 다음 조건을 포함하여 문항을 생성해 주세요."라고 프라이밍 프롬프트를 제공할 수 있습니다.

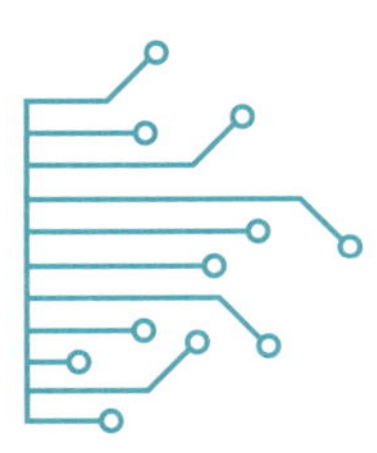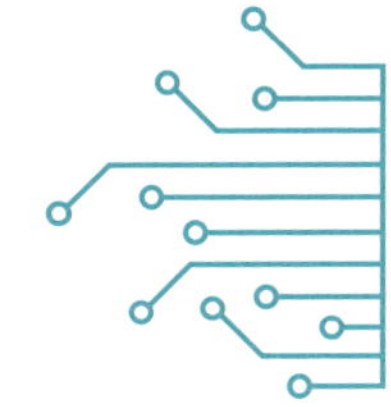

문항개발 프롬프트 기본원리 ABC

챗GPT를 잘 사용하는 것은 프롬프트를 얼마나 잘 입력하는지에 달려 있습니다. '프롬프트 엔지니어'라는 신종 직업이 나올 만큼 프롬프트는 챗GPT의 유용성을 좌우할 정도로 핵심적입니다.

우선, 챗GPT는 입력된 프롬프트를 어떤 방식으로 인식할까요? 챗GPT는 사용자의 프롬프트를 분석하여 의도intent, 요소entity, 맥락context 정보를 추출합니다.

예를 들어 "나는 초등학교 5학년 사회 과목을 가르치는데 초등학교 5학년 사회 과목의 문항을 만들어 주세요."라고 프롬프트를 입력하면, 챗GPT는 사용자의 의도인 '사회 과목 문항 만들기', 요소인 '초등학교 5학년', '사회 과목', '문항'을 분석하고, 맥락인 '초등학교 사회 과목 평가 생성'을 추출합니다. 이를 토대로 챗GPT는 사용자의 프롬프트에 부합하는 텍스트를 생성합니다.

여기에서는 평가 문항을 만들기 위한 프롬프트의 수준을 높이는 간단한 방법을 세 개의 원리로 설명드리겠습니다. [기본원리 A]에서 첫 문장을 작성해 보고 여기에 챗GPT가 답한 내용을 확인한 뒤, 좀 더 나은 답을 얻도록 해 주는 간단한 요령을 [기본원리 B]와 [기본원리 C]로 나누어 차근차근 안내하겠습니다. 이러한 방식으로 프롬프트를 다듬는 것을 프롬프트 엔지니어링prompt engineering이라고 합니다. 후에는 디지털 평가를 개발할 때 어떤 프롬프트를 활용하여 원하는 문항을 개발할 수 있는지 다룰 것입니다.

챗GPT를 활용한 문항 개발에서 어쩌면 가장 중요하다고 볼 수 있는 한 가지 유의사항은 챗GPT가 생성하는 텍스트가 무결성integrity을 충족하지는 못한다는 점을 인식하는 것입니다. 풍부한 교육 경험을 가진 선생님들도 문항을 출제하면서 오류가 발생하는데 아무리 거대한 언어 모델을 학습했다고 하더라도 챗GPT가 오류를 가지지 않으리란 보장은 할 수 없습니다. 앞서 살펴본 바와 같이 챗GPT는 확률적 분포를 활용해 텍스트를 생성하는 인공지능이므로 문항을 생성한 이후에는 반드시 문항의 오류를 검토하며 수정해야 합니다. 챗GPT이 생성해 주는 결과값을 평가문항의 '초안'이라고 생각하시면 됩니다. 이전과 달리 평가지 초안을 즉각 뚝딱 만들 수 있게 되었다는 점만으로도 정말 대단한 변화입니다!

 첫 문장에서 챗GPT가 맡아 주기를 원하는 역할(직책)을 구체적으로 제시합니다.

프롬프트의 첫 문장은 챗GPT가 수행해 주기를 기대하는 특정한 역할을 구체적으로 언급해 주는 것으로 시작해 봅시다. 그리고 내가 원하는 바가 무엇인지를 일단 간단히 요구해 봅니다.

You
당신은 초등학교 5학년 사회 과목을 가르치는 교사입니다. 국토와 우리 생활 단원의 문항을 만들어 주세요.

ChatGPT
물론입니다! 국토와 우리 생활 단원을 위한 몇 가지 문항을 만들어 보겠습니다. 이 문항들은 학생들의 이해도를 높이고 생각하는 능력을 키우는 데 도움이 될 것입니다.

문항 1: 우리나라의 주요 지형 특징
1. 한반도의 주요 지형 요소는 무엇인가요?
2. 우리나라의 가장 높은 산은 무엇이며, 어디에 위치해 있나요?
3. 대한민국 주변을 둘러싼 바다의 이름과 중요성에 대해 설명해보세요.

문항 2: 도시와 시골의 생활 비교
1. 도시와 시골의 주요 차이점은 무엇인가요?
2. 도시에서 생활하는 사람들은 어떤 장점을 누릴 수 있을까요?
3. 시골에서의 생활이 도시와 어떻게 다를 수 있는지 예를 들어 설명해보세요.

문항 3: 자원의 종류와 활용
1. 자원이란 무엇인가요? 자원은 어떤 종류로 나눌 수 있나요?
2. 식물성 자원과 동물성 자원의 차이점과 각각의 예시를 들어보세요.
3. 우리가 에너지를 어떤 자원을 통해 얻을 수 있는지 알려주세요.

문항 4: 환경 보호와 지속 가능한 생활
1. 환경 보호는 왜 중요한가요? 우리가 환경을 보호함으로써 누릴 수 있는 이점은 무엇인가요?
2. 지속 가능한 생활이란 무엇인가요? 일상 생활에서 어떻게 지속 가능한 선택을 할 수 있는지 예를 들어 설명해보세요.
3. 쓰레기를 줄이고 재활용하는 것이 왜 중요한 환경 보호 활동인지 설명해보세요.

챗GPT 답변 평가하기

챗GPT가 생성한 문항을 살펴봅시다. 우선 평가 내용 측면에서 현 교육과정인 2015 개정 교육과정의 5학년 사회과 성취기준에 완벽히는 일치하지 않는 문항을 생성했습니다. 그리고 일반적으로 초등학교에서 다루는 평가 문항 유형과는 조금 다른, 단답형 문항을 생성했습니다.

이제는 내가 원하는 바를 좀 더 구체화해서 제시해 보겠습니다. 이때 구체화라는 것은 사용자로서 나의 의도, 요소, 맥락의 세 가지를 보다 명확하게 설정해 주는 것이라고 생각하면 간단해집니다. 이를 바탕으로 [기본원리 B]를 알아보겠습니다.

 문항의 의도, 요소, 맥락 등의 조건을 구체화하여 제시합니다.

이제는 내가 원하는 바를 보다 구체화하여 조건으로 제시해 봅니다. 특히 의도, 요소, 맥락의 세 가지를 구체화하여 제시해 봅시다. 예를 들어 나는 특정한 어떤 평가 영역에서 어떤 선다형 문항을 몇 개 만들고자 하는지를 요구 문장에 제시하여 의도와 요소를 명확하게 설정합니다. 맥락은 출제하고자 하는 평가 영역의 교육과정 해설, 성취기준 정보를 그대로 가져와 넣어 주는 방식으로 제시할 수 있습니다.

You

당신은 초등학교 5학년 사회 과목을 가르치는 교사입니다. 평가 영역으로 다음의 교육과정 해설과 성취기준을 참고해 국토와 우리 생활 단원의 전반적인 지식 이해도를 평가하기 위한 5지선다형 문항을 3개 만들어 주세요.

###
교육과정 해설
2015 개정 교육과정 [초등학교 5~6학년]
(1) 국토와 우리 생활
이 단원은 우리 국토의 위치와 영역, 자연환경과 인문환경 등 지리적 특성에 대한 이해를 바탕으로 하여 올바른 국토관을 세우고 나아가 국토를 사랑하는 마음과 바람직한 국토 발전에 대한 관심, 이를 실천하는 태도를 기르기 위해 설정되었다. 이를 위해 다양한 시각 및 공간 자료를 활용하여 국토의 기초적인 지리 정보를 이해하고, 국토 구분의 기준과 국토의 주요 지역이 지니는 위치 특성을 탐구한다. 아울러 기후 환경과 지형 환경을 중심으로 국토의 자연환경 특성과 자연재해를 탐색한다. 또한 국토의 인구 변화 및 도시 발달 과정의 특성, 산업구조 및 교통 발달 과정의 특성을 탐구한다.

성취기준
[6사01-02] 우리 국토를 구분하는 기준들을 살펴보고, 시·도 단위 행정구역 및 주요 도시들의 위치 특성을 파악한다.
###

 **ChatGPT**

물론입니다. 아래에 국토와 우리 생활 단원의 평가 영역에 기반한 5지선다형 문항 3개를 제시해 드리겠습니다.

문항 1: 우리나라의 행정구역과 주요 도시

1. 우리나라를 대표하는 3개의 행정구역은 무엇인가요?
   a) 특별시, 광역시, 기초자치단체
   b) 시, 군, 구
   c) 도, 시, 구
   d) 도, 특별시, 자치도
   e) 광역시, 군, 자치구

문항 2: 우리나라의 기후와 지형 특성

2. 우리나라의 남쪽 지역과 북쪽 지역의 기후 특성은 어떻게 다를까요?
   a) 남쪽은 건조한 기후, 북쪽은 습한 기후
   b) 남쪽은 습한 기후, 북쪽은 건조한 기후
   c) 남쪽과 북쪽 모두 습한 기후
   d) 남쪽과 북쪽 모두 건조한 기후
   e) 남쪽과 북쪽 모두 적막한 기후

문항 3: 국토의 인구 변화와 도시 발달

3. 우리나라의 인구가 늘어나는 주요 원인은 무엇인가요?
   a) 농업 부진
   b) 출산율의 상승
   c) 도시화와 산업화
   d) 자연재해의 증가
   e) 환경 개선

이 문항들은 학생들이 국토와 우리 생활에 관련된 기본 개념과 특성을 이해하고 판단하는 능력을 향상시킬 수 있도록 도움을 줄 것입니다.

챗GPT에게 텍스트 정보를 제공하기 위해서는 구분 기호를 활용할 수 있습니다. ###이나 """(큰따옴표 세 개)과 같은 특수기호를, 제공하고자 하는 텍스트의 처음과 끝 행에 제공하면 챗GPT는 이 사이에 있는 내용을 요구 문장과 별도의 텍스트로 인식하고 처리합니다.

챗GPT가 생성한 문항이 [기본원리 A]에 비해서는 분명히 나아졌습니다. 하지만 현장에서 실제 활용되는 문항과는 아직 차이가 있습니다. 이를테면 문항의 문두가 현장에서 사용하는 형식에 맞지 않고, 문항의 질 측면에서 단원 총괄평가의 문항보다 수준이 낮은 문항이 생성되었습니다. 그리고 문항에 대한 정답과 해설도 함께 생성할 필요가 있겠네요.

그렇다면 문항 유형의 형식과, 내가 원하는 문항의 수준에 대해 참고할 수 있는 정보를 더 제공해 봅시다. 이를 상세하게 설명하기보다는 적당한 예시문항을 제공하는 방식을 활용하겠습니다. 이것이 문항을 제작하기 위한 프롬프트 작성의 [기본원리 C]라고 할 수 있겠습니다.

단, 항상 잊지 말아야 할 것이 있습니다. 챗GPT가 생성해 주는 모든 문항에는 오류가 포함되어 있을 수 있습니다. 따라서 챗GPT가 생성한 문항을 초안으로 삼아 항상 검토의 대상으로 여겨야 합니다. 문항 3을 살펴보면 타당도가 떨어지는 문항이라는 것을 알 수 있습니다. 이 경우 해당 초안은 사용하지 않거나, 챗GPT에 수정 이유를 제시한 뒤 수정해 달라고 간단히 요청하면 됩니다. 이와 관련된 사례는 88쪽을 참고하세요.

[기본원리 C] 예시문항을 제공하고 참고하게 합니다.

현장에서 활용하고 있는 문항 가운데 내가 원하는 문항과 유사한 문항을 챗GPT에게 예시로 추가 제공해 봅시다. 형식이나, 어휘 수준 등의 내용에 대해 참고할 정보를 챗GPT에게 제공하기 위해 예시를 보여 주는 이 방식을 메타 학습 방법론이라고 합니다. 예시가 1개 제시되어 있는 경우와 여럿 제시되어 있는 경우를 각기 원샷 러닝one-shot learning, 퓨샷 러닝few-shot learning이라 칭하고, 이에 상대적으로 [기본원리 A~B]에서와 같이 예시로 활용할 샘플이 전혀 제공되지 않은 상태로 모델이 생성 작업을 수행하도록 하는 기법을 제로샷 러닝zero-shot learning이라고 부릅니다.

우선 두 개의 문항 예시를 제공하고, 정답과 해설을 함께 제공하도록 요청하는 방식으로 이전의 프롬프트를 수정해 보겠습니다.

You

당신은 초등학교 5학년 사회 과목을 가르치는 교사입니다. 다음 평가 영역과 예시문항을 참고해 국토와 우리 생활 단원의 전반적인 지식 이해도를 평가하기 위한 5지선다형 문항을 3개 만들어 주세요. 정답과 해설을 포함하세요.

###
교육과정 해설
2015 개정 교육과정 [초등학교 5~6학년]
(1) 국토와 우리 생활
이 단원은 우리 국토의 위치와 영역, 자연환경과 인문환경 등 지리적 특성에 대한 이해를 바탕으로 하여 올바른 국토관을 세우고 나아가 국토를 사랑하는 마음과 바람직한 국토 발전에 대한 관심, 이를 실천하는 태도를 기르기 위해 설정되었다. 이를 위해 다양한 시각 및 공간 자료를 활용하여 국토의 기초적인 지리 정보를 이해하고, 국토 구분의 기준과 국토의 주요 지역이 지니는 위치 특성을 탐구한다. 아울러 기후 환경과 지형 환경을 중심으로 국토의 자연환경 특성과 자연재해를 탐색한다. 또한 국토의 인구 변화 및 도시 발달 과정의 특성, 산업구조 및 교통 발달 과정의 특성을 탐구한다.

성취기준
[6사01-02] 우리 국토를 구분하는 기준들을 살펴보고, 시·도 단위 행정구역 및 주요 도시들의 위치 특성을 파악한다.

ChatGPT

1. 다음 중, 우리 나라의 주요 도시 중 하나인 서울의 위치에 대한 설명으로 옳지 않은 것은 무엇인가요?(   )

    ① 한반도 북부에 위치해 있다.

    ② 서해에 인접하고 있다.

    ③ 남한의 수도로 국내 최대의 도시이다.

    ④ 한강이라는 큰 강이 흐르고 있다.

    ⑤ 인천 국제공항이 서울 근처에 위치해 있다.

    정답과 해설: ① 한반도 북부에 위치해 있지 않습니다. 서울은 한반도 중앙부에 위치해 있습니다.

2. 다음 중, 국토의 기후 환경과 관련된 설명으로 옳은 것은 무엇인가요?(   )

    ① 우리 나라는 주로 사막 기후가 지배한다.

    ② 중부 지방은 따뜻하고 비가 많이 온다.

    ③ 비가 자주 내려 기후가 쾌적하다.

    ④ 고위도에 위치해 계절 변화가 크다.

    ⑤ 서해와 동해의 영향으로 지역에 따라 기온 차이가 크다.

    정답과 해설: ⑤ 서해와 동해의 영향으로 해안 지방과 내륙 지방의 기온 차이가 큽니다.

3. 다음 중, 국토의 자연환경 특성과 관련된 설명으로 옳은 것은 무엇인가요?(   )

　　① 한반도는 주로 평지와 사막으로 이루어져 있다.

　　② 지리적으로 고산 지대가 주를 이루고 있다.

　　③ 한반도는 산, 강, 바다 등 다양한 지형과 환경을 갖추고 있다.

　　④ 산업 발달로 인해 자연 환경이 아름답게 보존되고 있다.

　　⑤ 강들은 주로 지형을 나누는 역할을 하고 있지 않다.

정답과 해설: ③ 한반도는 산, 강, 바다 등 다양한 지형과 환경을 갖추고 있습니다. 우리나라는 지형의 다양성이 풍부하며, 이로 인해 다양한 자연환경 특성을 가지고 있습니다.

챗GPT 답변 평가하기

예시문항을 제시했더니 챗GPT가 [기본원리 B]에서보다 좀 더 사용자의 의도에 부합하는 문항을 생성했습니다! 문두의 형식과 선지의 형식이 예시문항과 유사하게 생성되었고, 문항의 질이 향상되었습니다.

앞선 세 가지 원리가 더해지는 과정을 순서대로 살펴보신 분이라면 이제 확실히 실감하셨을 겁니다. 챗GPT로 평가 문항을 만들고 싶으신가요? 프롬프트를 쓸 때, 우선 다음의 세 가지 기본원리를 기억하세요. 그러면 평가 개발에 드는 시간이 획기적으로 줄어듭니다!

>> **문항개발 프롬프트 기본원리 ABC**

A. 첫 문장에서 챗GPT가 맡아 주기를 원하는 역할(직책)을 구체적으로 제시합니다.
예) 당신은 초등학교 5학년 사회 과목을 가르치는 교사입니다.

B. 문항의 의도, 요소, 맥락 등의 조건을 구체화하여 제시합니다.
예) 다음의 교육과정 해설과 성취기준을 참고해(맥락) 국토와 우리 생활 단원의 전반적인 지식 이해도를 평가하기 위한(의도) 5지선다형 문항을 3개(요소) 만들어 주세요.

C. 예시문항을 제공하고 참고하게 합니다.
예) 다음 ~ 예시문항을 참고해 문항을 만들어 주세요.

문항 구성요소 개발하기

: 질문, 지문, 선지, 해설

챗GPT 3.5 기반

- ✔ 문항 구성요소와 규칙
- ✔ 문항 한 번에 만들기
- ✔ 지문
- ✔ 선지
- ✔ 해설

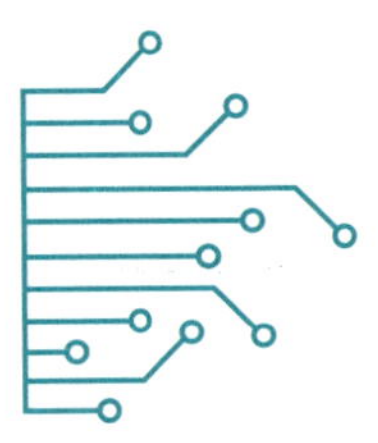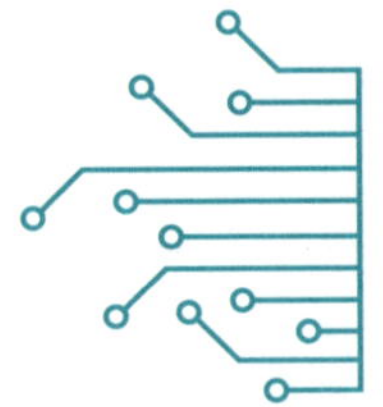

문항 구성요소와 규칙
: 질문, 지문, 선지, 해설

처음 챗GPT를 사용하실 때 프롬프트를 일상 대화 시작하듯 작성하는 경우가 있습니다. 예를 들어 "중학교 2학년 읽기 문제를 만들어 주세요."와 같은 프롬프트 같은 것입니다. 챗GPT가 굉장히 유용한 도구이기는 하지만 이런 프롬프트로는 내가 원하는 문항을 생성하지 못합니다. 그래서 앞서 2장 '문항개발 프롬프트 기본원리 ABC'에서 다음의 세 가지 기본원리를 숙지하였습니다.

>> **문항개발 프롬프트 기본원리 ABC**

A. 첫 문장에서 챗GPT가 맡아 주기를 원하는 역할(직책)을 구체적으로 제시합니다.
㉠ 당신은 초등학교 5학년 사회 과목을 가르치는 교사입니다.

B. 문항의 의도, 요소, 맥락 등의 조건을 구체화하여 제시합니다.
㉠ 다음의 교육과정 해설과 성취기준을 참고해(맥락) 국토와 우리 생활 단원의 전반적인 지식 이해도를 평가하기 위한(의도) 5지선다형 문항을 3개(요소) 만들어 주세요.

C. 예시문항을 제공하고 참고하게 합니다.
㉠ 다음 ~ 예시문항을 참고해 문항을 만들어 주세요.

여기에서는 [기본원리 B]를 좀 더 파고들어 보겠습니다. 문항의 조건을 '구체화'하는 방법에 대해 구체적으로 알아봅시다. 이는 하나의 문항을 하위 구성요소로 쪼개고 조건을 각 요소별로 제시해 주는 일입니다.

하나의 문항을 구성하고 있는 하위 요소로는 질문(문두), 지문(자료 혹은 보기), 선지(정답지와 오답지), 해설(피드백) 등이 있습니다. 이 요소별 조건을 제시하기 위해, 각 요소에 작용하고 있는 규칙을 먼저 익혀 봅시다.

여기서는 요소가 풍성하게 사용되는 국어과 문항 가운데 2024학년도 대학수학능력시험 국어 영역 12번 문항을 보면서 구성요소를 나눠 보고 각 요소에 이미 작용되고 있는 규칙에 어떤 것이 있는지를 파악하는 눈을 키워 보겠습니다. 이를 챗GPT에게 문항 요소별 조건으로 말해 줄 수 있기 때문입니다. 이렇게 눈을 키운 뒤, 이제 실제로 챗GPT 프롬프트에 문항 요소별 조건을 서술하며 문항을 개발해 보겠습니다. 단, 각 교과마다 실제 문항의 구성요소는 조금씩 차이가 있습니다.

※ 출처: [문항] 한국교육과정평가원(2023). 2024학년도 대학수학능력시험 국어 영역. [해설] EBS

[12~17] 다음 글을 읽고 물음에 답하시오.

(가)

『한비자』는 중국 전국 시대의 한비자가 제시한 사상이 ⓐ담긴 저작이다. 여러 나라가 패권을 다투던 혼란기를 맞아 엄격한 법치를 통해 부국강병을 꾀한 한비자는 『노자』에 대한 해석을 통해 자신의 법치 사상을 뒷받침했고, 이러한 면모는 『한비자』의 「해로」, 「유로」 등에서 확인할 수 있다.

『노자』에서 '도(道)'는 만물 생성의 근원으로 묘사된다. 도를 천지 만물의 존재와 본질의 근거라고 본 한비자의 이해도 이와 다르지 않다. 그는 자연과 인간 사회의 모든 현상은 도의 영향을 받지 않을 수 없다고 보고, 인간 사회의 일은 도에 따라 제대로 행했는가의 여부에 따라 그 성패가 드러나는 것이라고 이해했다.

한비자는 『노자』에 제시된 영구불변하는 도의 항상성에 대해 도가 천지와 더불어 영원히 존재한다는 것을 의미하는 것이지, 도가 모습과 이치를 일정하게 유지하는 것은 아니라고 이해했다. 그리고 도는 형체가 없을 뿐 아니라 일정하게 고정되어 있지 않기 때문에 때와 상황에 따라 유연하게 변화하는 것이라고 파악했다. 도가 가변성을 가지고 있어야 도가 일정한 곳에만 있지 않게 되고, 그래야만 도가 모든 사물의 존재와 본질의 근거가 될 수 있다고 파악한 것이다. 그는 도가 가변적이기 때문에 통치술도 고정되어서는 안 된다고 주장했다.

한편, 한비자는 도를 구체적인 사물과 사건에 내재한 개별 법칙의 통합으로 보고, 『노자』의 도에 시비 판단의 근거라는 새로운 의미를 부여했다. 항상 존재하는 도는 개별 법칙을 포괄하기 때문에 다양한 개별 사건의 시비를 판단하는 기준이 될 수 있고, 이러한 도에 근거해서 입법해야 다양한 사건을 판단할 수 있다고 본 것이다. 이러한 이해를 바탕으로 그는 만족을 모르는 인간의 욕망을 사회 혼란의 원인으로 지목한 『노자』의 견해에 동의하면서도, 『노자』에서처럼 욕망을 없애야 한다고 주장하지 않고 인간은 욕망을 필연적으로 가질 수밖에 없음을 지적하며 욕망을 제어하기 위해 법이 필요하다고 강조했다.

(나)

유학자들은 도를 인간 삶의 올바른 길을 의미하는 것이라고 보았다. 중국 송나라 이후, 유학자들은 이러한 유학의 도를 기반으로 현상 세계 너머의 근원으로서 도가의 도에 주목하여 『노자』 주석을 전개했다.

혼란기를 거친 송나라 초기에 중앙집권화가 추진된 이후 정치적 갈등이 드러나면서 개혁의 분위기가 조성됐다. 이러한 분위기하에서 유학자이자 개혁 사상가인 왕안석은 『노자주』를 저술했다. 그는 『노자』의 도를 만물의 물질적 근원인 '기(氣)'라고 파악하고, 현상 세계에 앞서 존재하는 기의 작용에 의해 사물이 형성된다고 보았다. 그는 기가 시시각각 변화하듯 현상 세계도 변화한다고 이해했다. 인위적인 것을 제거해야만 도가 드러나고 인간 사회가 안정된다는 『노자』를 비판한 그는 자연과 달리 인간 사회의 안정을 위해서는 제도와 규범의 제정과 같은 인간의 적극적인 개입이 필요하다고 주장했다. 지혜와 덕이 뛰어난 사람이 제정한 사회 제도와 규범도 현실 사회의 변화에 따라 새롭게 해야 한다고 주장한 것이다. 『노자』의 이상 정치가 실현되려면 유학 이념이 실질적 수단으로 사용되어야 한다고 주장하는 등 왕안석은 『노자』를 유학의 실천적 측면과 결부하여 이해했다.

송 이후 원나라에 이르러 성행하던 도교는 유학과 불교 등을 받아들여 체계화되었지만, 오징에게는 주술적인 종교에 불과했다. ㉠유학자의 입장에서 그는 잘못된 가르침을 펴는 도교에 사람들이 빠지는 것을 경계했다. 그는 도교의 시조로 간주된 노자의 가르침이 공자의 학문과 크게 다르지 않음을 밝히고자 『도덕진경주』를 저술했다. 그는 도와 유학 이념을 관련짓는 구절을 추가하는 등 『노자』의 일부 내용을 바꾸고 기존 구성 체계를 재편했다. 『노자』의 도를 근원적인 불변하는 도로 본 그는 모든 이치를 내재한 도가 현실화하여 천지 만물이 생성된다고 이해했다. 이런 관점에서 그는 유학의 인의예지가 도의 쇠퇴 때문에 나타난 것이라는 『노자』와 달리 도가 현실화하여 드러난 것으로 해석하고, 인간이 마땅히 따라야 할 사회 규범과 사회 질서 체계도 도가 현실화한 결과로 파악했다.

원이 쇠퇴하고 명나라가 들어선 이후 유학과 도가 등 여러 사상이 합류하는 사조가 무르익는 가운데, 유학자인 설혜는 자신의 ㉡학문적 소신에 따라 『노자』를 주석한 『노자집해』를 저술했다. 그는 공자도 존중했던 스승이 노자이므로 노자 사상에 대한 오해를 불식해야 한다고 보았다. 그는 기존의 주석서가 『노자』의 진정한 의미를 제대로 밝히지 못했기 때문에 유학자들이 노자 사상을 이단으로 치부했다고 파악한 것이다. 다양한 경전을 인용하여 『노자』를 해석하면서 그는 『노자』의 도를 인간의 도덕 본성과 그것의 근거인 천명으로 이해하고, 본성과 천명의 이치를 탐구한다는 점에서 노자 사상과 유학이 다르지 않다고 보았다. 또한 그는 『노자』에서 인의 등을 비판한 것은 도덕을 근본으로 삼게 하기 위한 충고라고 파악했다.

12. (가), (나)에 대한 설명으로 가장 적절한 것은?

① (가)는 『한비자』의 철학사적 의의를 설명하고 『한비자』와 『노자』의 사회적 파급력을 비교하고 있다.

② (가)는 한비자가 추구한 이상적인 사회를 소개하고 그 실현을 위해 『노자』를 수용한 입장의 한계를 설명하고 있다.

③ (나)는 특정 개념을 중심으로 『노자』에 대한 여러 학자의 견해를 시간의 흐름에 따라 제시하고 있다.

④ (나)는 여러 유학자가 『노자』를 해석한 의도를 각각 제시하고 그 차이로 인해 발생한 학자 간의 이견을 절충하고 있다.

⑤ (가)와 (나)는 모두, 『노자』에 대해 다양한 시각에서 제시된 비판이 심화되는 과정을 구체적 사례와 함께 설명하고 있다.

12. 글의 구조와 전개 방식

정답해설 : (나)는 『노자』의 도에 대한 송나라 때의 왕안석, 원나라 때의 오징, 명나라 때의 설혜의 견해를 순차적으로 설명하고 있다. 즉 '도'라는 특정 개념을 중심으로 『노자』에 대한 여러 학자의 견해를 시간의 흐름에 따라 제시한 것으로 볼 수 있다.

정답 ③

[오답피하기] ① (가)는 『한비자』가 중국 전국 시대의 한비자의 사상이 담긴 저작이라고 하면서 한비자가 『노자』에 대한 해석을 통해 자신의 법치 사상을 뒷받침하였다고 언급하고 있다. 그러나 『한비자』와 『노자』의 사회적 파급력을 비교하고 있지는 않다. ② (가)는 한비자가 엄격한 법치를 통해 부국강병을 꾀하였다고 하면서 『노자』의 도에 대한 한비자의 견해를 설명하고 있다. 그러나 『노자』를 수용한 입장의 한계를 설명하고 있지는 않다. ④ (나)는 『노자』와 관련하여 왕안석, 오징, 설혜의 견해를 설명하고 있을 뿐 이들 학자 간의 이견을 절충하고 있지는 않다. ⑤ (가)는 『노자』의 도에 관한 한비자의 견해를 설명하고 있고, (나)는 『노자』에 대한 유학자들의 다양한 견해를 제시하고 있다. (가)는 한비자가 『노자』에 대한 해석을 통해 자신의 법치 사상을 뒷받침하였다고 하면서 한비자의 견해만을 제시하였으므로 (가)가 『노자』에 대해 다양한 시각에서 제시된 비판이 심화되는 과정을 구체적 사례와 함께 설명한 것은 아니다.

질문

질문은 문항에서 평가하고자 하는 평가 요소를 학생에게 제시하는 부분입니다. 교과마다 차이가 있기는 하지만 국어과나 영어과 같은 언어 교과, 그리고 수학과의 경우 질문에 '평가 요소'의 내용이 포함되어 있는 경우가 많습니다. 그렇다 보니 질문 부분의 문장표현은 평가 요소에 따라 어느 정도 고정이 되어 있는 편입니다. 아래 표에서 국어과 읽기(독서) 영역의 평가 요소에 따른 질문 예를 확인해 볼 수 있는데, 이 문장들은 조금씩 변형되면서 평가 전체에 반복적으로 등장합니다.

이렇게 질문이 '어느 정도 고정이 되어' 있다는 특성은 프롬프트를 작성할 때 '질문' 부분의 조건을 언급하는 데 있어서 핵심 포인트가 됩니다. 이로써 챗GPT는 내가 제시하는 예시문항을 얼마나 긴밀히 참고할지를 결정할 수 있기 때문입니다. 따라서 내가 원하는 질문 문장이 예시문항과 완전히 동일하지 않고 일부 변형되어야 하는 경우라면 이를 질문의 조건으로 언급해 주면 됩니다. 이런 언급은 챗GPT가 예시문항을 퓨샷러닝 하는 데 아주 유용하게 작용합니다. 예를 들어 앞서 제시했던 수능 국어 영역 12번 문항의 질문에는 아래 질문 예가 거의 그대로 사용되어 있습니다.

평가 영역	평가 요소	질문 예
사실적 읽기	내용 일치	윗글의 내용과 일치하지 **않는** 것은?
	내용 이해	윗글을 이해한 것으로 적절하지 **않은** 것은?
	글 전개방식 이해	윗글에 대한 설명으로 가장 적절한 것은?
추론적 읽기	내용 추론	ㄱ을 이해한 것으로 가장 적절한 것은?, 윗글을 읽고 추론한 내용으로 적절하지 **않은** 것은?
	새 자료 추론	윗글을 바탕으로 <보기>를 이해한 것으로 적절하지 **않은** 것은?

국어과 읽기(독서) 영역의 평가 요소에 따른 질문 사례

지문

지문은 학교급에 따라 300~3,000자 분량의 정보 텍스트가 주로 제공됩니다. 챗GPT가 어떤 텍스트 데이터를 학습하였는지는 정확하게 공개되지 않았지만 웹에 존재하는 대규모의 정보 텍스트를 학습하였을 것으로 추정되고 있습니다. 이를 바탕으로 챗GPT는 주제, 내용 구조, 구체적인 내용 측면에서 일정 수준 이상의 정보 텍스트를 꽤 잘 생성해 낼 수 있습니다.

챗GPT는 글의 분량에서부터 내용 구조(주지-상술, 인과, 나열 등), 형식 구조(서-본-결 등), 문체 등 글의 특성이나 글의 이독성 수준(어휘 수준 포함)에 대한 조건 등 사용자가 제시한 조건들을 토대로 텍스트를 생성합니다. 따라서 프롬프트를 작성할 때 원하는 텍스트의 조건을 구체적으로 입력할수록 원하는 지문이 생성될 가능성이 높아집니다.

선지

선지는 선다형 문항의 핵심적인 요소입니다. 5지선다형 문항을 기준으로 보자면 일반적으로 1개의 정답지correct answer와 그 외 4개의 오답지distractor로 선지가 구성되어 있습니다. 이는 교사들에겐 당연한 지식이라 특별하게 언급되지 않지만 이 또한 엄연한 하나의 규칙입니다. 이를 챗GPT에게 규칙으로 명시하고 참고할 몇 개 문항을 예시로 제시하여 퓨샷 학습을 시키면 복수 정답과 같은 오류의 가능성을 줄일 수 있습니다.

또한 평가 요소에 따라 선지의 문장 구조나 내용 구조가 정해져 있는 경우가 있습니다. 일정한 구조가 있다면 이것도 하나의 규칙으로 볼 수 있습니다. 특별한 문장의 구조를 챗GPT에게 규칙으로 제시해 주면 됩니다.

예를 들어 국어과 '사실적 읽기'의 '글 전개방식 이해'를 평가 요소로 하는 문항이라면 다음과 같은 문장 구조의 선지가 일반적입니다. 앞서 제시했던 수능 국어 영역 12번 문항의 다섯 개 선지에서 이 문장 구조를 실제로 확인해 볼 수 있습니다.

▼ 선지의 반복적 문장 구조 : 국어과 > 사실적 읽기 > 글 전개방식 이해

12. (가), (나)에 대한 설명으로 가장 적절한 것은?
① (가)는 | 『한비자』의 철학사적 의의를 설명하고 | 『한비자』와 『노자』의 사회적 파급력을 비교하고 있다.
② (가)는 | 『한비자』가 추구한 이상적인 사회를 소개하고 | 그 실현을 위해 『노자』를 수용한 입장의 한계를 설명하고 있다.
③ (나)는 | 특정 개념을 중심으로 | 『노자』에 대한 여러 학자의 견해를 시간의 흐름에 따라 제시하고 있다.
④ (나)는 | 여러 유학자가 『노자』를 해석한 의도를 각각 제시하고 | 그 차이로 인해 발생한 학자 간의 이견을 절충하고 있다.
⑤ (가)와 (나)는 모두, | 『노자』에 대해 다양한 시각에서 제시된 비판이 심화되는 과정을 | 구체적 사례와 함께 설명하고 있다.

선지의 문장 구조가 분석이 되었다면 이제 각 구성요소를 챗GPT가 요소 entity로 인식하도록 알려 주면 됩니다. 문장의 구조를 규칙으로 챗GPT에게 인식시키면 챗GPT가 보다 일관성 있는 선지를 생성해 줍니다. 이 경우와 달리, 각 선지를 독립적으로 생성할 필요가 있는 경우도 있습니다[*].

해설

해설 부분은 크게 문항의 정답을 밝히는 부분과 정답 및 오답의 이유와 근거를 서술하는 부분으로 구성됩니다. 이 구조가 해설 생성의 규칙이라는 점을 프롬프트에 제시해 줍니다.

---

[*] 선지를 생성하는 방법에 대한 보다 자세한 설명은 82~89쪽에 있습니다.

　또한 해설의 기능이 문항의 설계 의도와 평가 요소에 대한 깊이 있는 이해를 도모하고, 학생들이 문항에 제시된 문제를 자기주도적으로 해결하도록 하는 것이라는 점을 프롬프트에 언급해 주면 챗GPT가 더욱 알찬 해설을 생성할 수 있습니다.

▼ 해설의 내용 구조와 조건 규칙

> 예) 1. 해설은 문항 설계 의도, 평가 요소에 대한 설명을 포함할 것
> 2. 해설의 구조는 다음과 같이 구성할 것: 정답 번호, 정답의 이유와 근거, 나머지 선지가 오답인 이유와 근거

　이렇게 해설에 담을 내용의 구조와 조건을 규칙으로 상세하게 제시해 줄수록 질 좋은 해설이 생성됩니다. 단, 규칙을 지정하지 않는 경우에도 챗GPT가 어느 정도 수준의 해설을 생성하기는 하는데 이는 챗GPT가 이미 해설 혹은 피드백과 관련된 정보를 학습해 두었기 때문입니다.

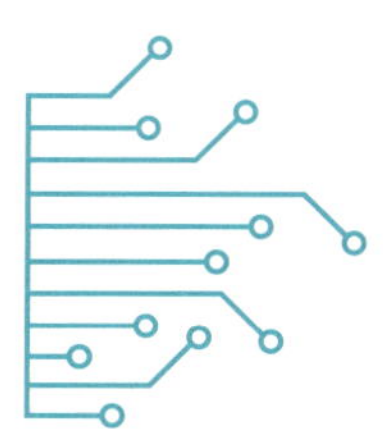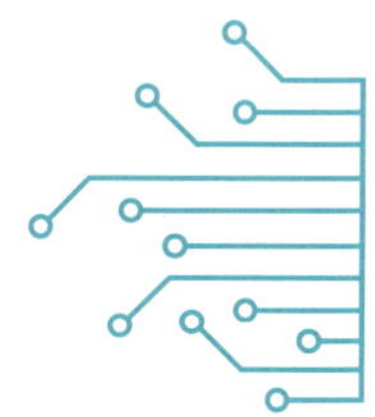

문항 한 번에 만들기

'문항개발 기본원리 ABC'를 머릿속에 잘 담아 두셨나요? 그런 뒤 문항의 구성요소와 요소별 규칙성에 대해 이해하셨나요? 그렇다면 이제 실전에서의 문항개발 방법은 다음과 같이 크게 두 가지로 구분될 것입니다. 내가 제공한 예시문항과 내가 개발하고 싶은 문항이 어느 정도 동일한지에 따라서요.

① 예시문항에서 질문 및 지문(보기)은 그대로 유지하고 선지만 새로 생성하고자 하는 경우
② 예시문항의 수준이나 형식만 참고하고 내용 전체를 새로 생성하고자 하는 경우

여기에서는 상대적으로 프롬프트가 간단해지는 ①보다는 ②를 기준으로 두고 실전에서 문항 세트 만드는 방법을 설명하겠습니다.

 ## 텍스트 자료로 만들기

[기본원리 A] 첫 문장에서 챗GPT가 맡아 주기를 원하는 역할(직책)을 구체적으로 제시합니다.

챗GPT에게 평가자의 역할을 부여해 줍니다. 평가 학교급, 학년, 과목, 영역 등을 가급적 최대한 한정하여 밝혀 줍니다.

> **You**
> 당신은 중학교 2학년 국어 과목의 읽기 시험 출제자입니다.

[기본원리 B] 내가 원하는 문항의 조건을 요소별로 상세히 제시합니다.

문항 구성요소에 해당하는 질문, 지문, 선지, 해설 등을 구분하여 각 요소별 상세 조건을 제시합니다.

요소별 상세 조건을 제시할 때는 질문, 지문, 보기, 선지, 정답, 해설 등의 요소명을 [ ] 기호 안에 넣어서 언급합니다. 이렇게 제시하면 챗GPT가 이를 일종의 단위 요소로 인식하여, 이를 기준으로 처리하고 출력합니다. 따라서 예시문항을 제시할 때도 동일하게 [요소명]을 명시해 줍니다.

>  **You**
> 당신은 중학교 2학년 국어 과목의 읽기 시험 출제자입니다. 중학교 2학년 읽기 영역의 '주장 파악' 평가 요소에 대한 선다형 문항을 만들어 주세요. 다음 조건을 참조해 주세요.
>
> 조건:
> - 문항에는 [지문(text)], [질문(stem)], [선지(options)], [정답(answer)], [해설(commentary)]을 포함해 주세요..
> - [지문]의 글 유형은 논설문이고, 아래의 예시와 다른 주제를 사용해 주세요.
> - [지문]의 내용 구조와 형식 구조는 사례와 유사하게 작성해 주세요.
> - [지문]의 글자 수는 400자 정도이고, 4개 문단의 글 구조를 갖춘 글을 생성해 주세요.

- [질문]은 사례를 그대로 사용해 주세요.
- [선지]는 [지문]의 내용을 근거로 생성해 주세요.
- [선지]는 반드시 1개의 정답과 4개의 오답을 포함해 주세요.
- [선지]는 [지문]의 내용을 활용하여 완성된 문장으로 만들어 주세요.
- [선지]는 나머지 [선지]와 내용을 다르게 해 주세요.
- [해설]의 구조는 '정답 번호, 정답의 이유와 근거, 나머지 선지가 오답인 이유와 근거'
   로 구성해 주세요.

[기본원리 C] 예시문항을 제공하고 참고하게 합니다.

문항 생성에 참고할 만한 예시문항을 제시해 줌으로써 챗GPT가 퓨샷 러닝을 실행하게 합니다. 요소별 조건을 제시할 때 사용한 [요소명]을 예시문항에도 동일하게 명시해 줌으로써 챗GPT가 예시문항을 정확히 참고할 수 있도록 도와줍니다. 문항 요소별로 예시문항이 다른가요? 각 예시문항에 [요소명]을 붙여 제시하면 문항 요소별로 어떤 예시를 참고할지 명시해 지시할 수 있습니다.

You

당신은 중학교 2학년 국어 과목의 읽기 시험 출제자입니다. 중학교 2학년 읽기 영역의 '주장 파악' 평가 요소에 대한 "새로운 선다형 문항"을 만들어 주세요. 다음 조건을 참조해 주세요.

조건:
- "새로운 문항"에는 [지문(text)], [질문(stem)], [보기(material)], [선지(options)], [정답(answer)], [해설(commentary)]을 포함해 주세요.

- [지문]의 글 유형은 논설문이고, 반드시 아래의 [참고 문항]과 다른 주제를 사용해 지문을 생성하세요.
- [지문]의 내용 구조와 형식 구조는 [참고 문항]과 유사하게 작성해 주세요.
- [지문]의 글자 수는 400자 정도이고, 4개 문단의 글 구조를 갖춘 글을 생성해 주세요.
- [질문]은 사례를 그대로 사용해 주세요.
- [선지]는 [지문]의 내용을 근거로 생성해 주세요.
- [선지]는 반드시 1개의 정답과 4개의 오답을 포함해 주세요.
- [선지]는 [지문]의 내용을 활용하여 완성된 문장으로 만들어 주세요.

- [선지]는 나머지 [선지]와 내용을 다르게 해 주세요.
- [해설]에 문항의 설계 의도와 평가 요소에 대한 설명을 반드시 포함해 주세요.
- [해설]의 구조는 '정답 번호, 정답의 이유와 근거, 나머지 선지가 오답인 이유와 근거'
  로 구성해 주세요.
- 반드시 [참고 문항]과 다른 "새로운 문항"을 생성하세요.
"""""""

[참고 문항]:
[지문]
우리나라뿐만 아니라 세계 곳곳에서 벌어지는 자연 개발은 우리의 삶을 위협한다. 이러한 무분별한 개발로 우리 삶의 터전인 자연은 몸살을 앓고 있다. 우리는 자연의 목소리에 귀를 기울이고 자연을 보호해야 한다. 왜 자연을 보호해야 할까?
첫째, 자연은 한번 파괴되면 복원되기가 어렵다. 환경이 오염되는 것은 순식간이지만 오염된 환경을 되살리는 데는 수십, 수백 배의 시간과 노력이 든다. 둘째, 무리한 자연 개발은 생태계를 파괴한다. 생물은 서로 유기적인 생태계로 얽혀 있으며 주변 환경과 영 향을 주고받으면서 살아간다. 자연 개발로 생태계를 파괴하면 결국 사람의 생활 환경을 악화시키는 결과를 초래한다. 셋째, 자연은 우리 후손이 살아갈 삶의 터전이다. 당 장의 편리와 이익만을 추구하다 보면 우리 후손에게 훼손된 자연을 물려주게 된다.
더 이상 무분별한 개발로 금수강산을 훼손해서는 안 된다. 지나친 개발 때문에 나타나는 지구 온난화와 이상 기후 현상이 더 심해지지 않도록 노력하는 일은 우리 모두에게 남겨진 과제이다.

[질문] 글쓴이의 주장으로 적절한 것은?

[선지]
① 기후 변화에 적응해야 한다.
② 자연 개발 기술을 연구하자.
③ 자연 자원을 적극적으로 이용하자.
④ 자연 보호는 우리가 꼭 해야 할 일이다.
⑤ 자연이 스스로 깨끗해질 때까지 기다리자.
"""""""

이 프롬프트 전체에 대해 챗GPT가 생성한 문항은 다음과 같습니다. 프롬프트에 "선다형 문항 세 개"와 같이 문항의 개수를 지정하면 서로 다른 내용의 문항 세트를 여럿 받아볼 수 있습니다.

ChatGPT

[지문]
과일과 채소는 우리 건강에 매우 중요한 역할을 한다. 그럼에도 불구하고 많은 사람들이 충분한 양의 과일과 채소를 섭취하지 않는다. 과연 우리는 왜 과일과 채소를 더 많이 먹어야 할까? 이에 대해 몇 가지 이유를 살펴보자.

첫째, 과일과 채소는 영양소가 풍부하다. 비타민, 미네랄, 식이 섬유 등이 풍부하게 들어 있어 우리 몸의 건강을 유지하는 데 도움을 준다. 특히 비타민 C는 면역 체계를 강화시키고 피부 건강을 촉진하는 데 중요하다.

둘째, 과일과 채소는 저칼로리 식품이다. 다른 고칼로리 음식에 비해 칼로리가 낮아 체중 관리에 도움을 줄 수 있다. 또한 식이 섬유가 풍부하여 포만감을 느끼게 해 주어 과식을 방지하는 효과도 있다.

셋째, 과일과 채소는 다양한 종류의 음식을 섭취하는 기회를 제공한다. 각종 과일과 채소는 다양한 색깔과 맛을 가지고 있으며, 이는 우리 식단의 다양성을 높여 준다.

[질문] 지문의 주장으로 가장 적절한 것은?

[선지]
① 비타민 C가 피부 건강에 유용하다.
② 과일과 채소는 다양한 색깔과 맛을 가진다.
③ 과일과 채소의 칼로리가 높다.
④ 과일과 채소를 섭취하지 않으면 병에 걸릴 수 있다.
⑤ 과일과 채소는 식단 관리에 도움을 준다. (정답)

[피드백]
정답인 [선지]는 ⑤ 과일과 채소는 식단 관리에 도움을 준다 입니다. 주어진 지문에서는 과일과 채소의 저칼로리 식품이며, 이는 식이 섬유가 풍부하여 포만감을 느끼게 하여 체중 관리에 도움을 준다는 내용이 주장되고 있습니다.

⚙ 동영상 자료로 만들기

>> **동영상 내용으로 문항 만들기**

❶ 유튜브에서 적합한 동영상 자료 선정하기
❷ 크롬 확장 프로그램(chrome extension) 설치 및 실행하기
  : YouTube & Article Summary powered by ChatGPT
❸ 해당 유튜브 콘텐츠에서 동영상 스크립트 생성하기
❹ 문항 생성하기

❶ 유튜브에서 적합한 동영상 자료 선정하기

먼저 유튜브에서 '내용 이해'에 적합한 동영상 자료를 선정합니다. 여기에서는 정보가 구조화되어 있는 뉴스 콘텐츠를 예로 들어 설명하겠습니다.

⑩ 어딘가 이상하더라니 역시나…한국이 전 세계보다 2배 빨랐다 / JTBC News
2023. 5. 4. https://www.youtube.com/watch?v=963ah_RC46E

❷ 크롬 확장 프로그램chrome extension 설치 및 실행하기

: YouTube & Article Summary powered by ChatGPT

가. 크롬에서 구글 검색을 통해 'YouTube & Article Summary powered by ChatGPT'를 검색합니다. [chrome에 추가]를 눌러 해당 크롬 확장 프로그램을 설치합니다.

나. 우측 상단의 확장 프로그램 아이콘을 눌러 해당 프로그램을 찾은 다음 클릭하여 프로그램을 활성화합니다.

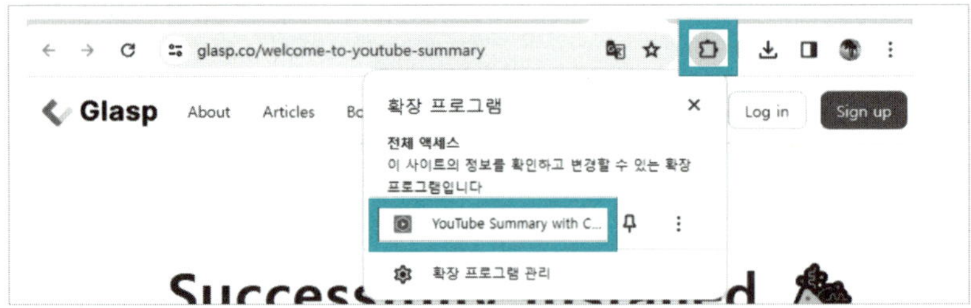

❸ 해당 유튜브 콘텐츠에서 동영상 스크립트 생성하기

찾아 두었던 유튜브 콘텐츠 주소로 이동하여 '새로고침(F5)'을 누릅니다. 그러면 동영상 주변에 "Transcript & Summary" 창이 새로 생성되어 있을 겁니다. 해당 창 우측의 드롭다운 버튼을 클릭하면 해당 영상의 스크립트가 챗GPT에 의해 생성된 것을 확인할 수 있습니다.

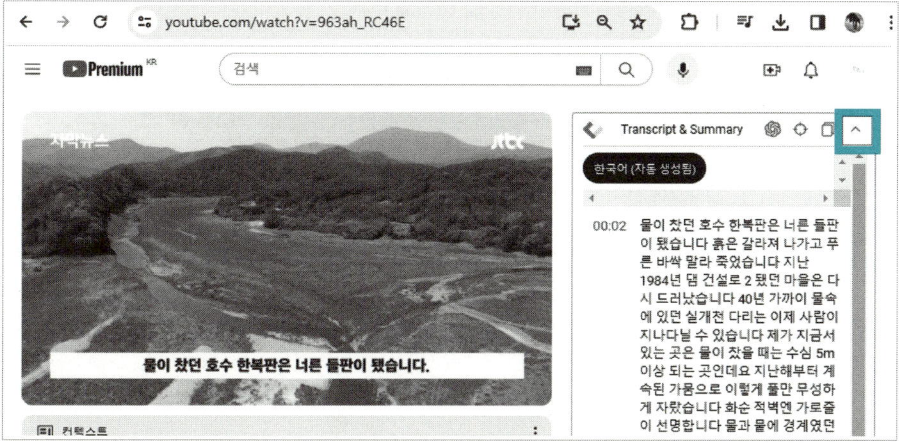

❹ 문항 생성하기

지문이나 참고자료로 이용하고자 하는 스크립트 부분을 복사하여 챗GPT에게 프롬프트로 제시하고 평가 문항을 생성하게 합니다.

TIP

문항에 동영상 넣기

구글 폼으로 배포될 평가 문항에 동영상을 삽입하는 방법은 186쪽 '옵션 활용하기'를 참고해 주세요.

You

당신은 중학교 2학년 국어 과목 읽기 과목 시험 출제자입니다. 중학교 2학년 읽기 시험의 '동영상 내용 이해' 평가 요소에 대한 선다형 문항을 만들어 주세요. 다음 조건을 참조해 주세요.

조건:
- 문항에는 [질문(stem)], [지문(text)], [선지(options)], [정답(answer)], [해설(commentary)]을 포함해 주세요.
- [질문]은 '내용 이해'에 적합한 문장을 생성해 주세요.
- [지문]은 유튜브 뉴스의 스크립트입니다.
- [선지]는 [지문]의 내용을 근거로 생성해 주세요.
- [선지]는 반드시 1개의 정답과 4개의 오답을 포함해 주세요.
- [선지]는 [지문]의 내용을 활용하여 완성된 문장으로 만들어 주세요.
- [선지]는 나머지 [선지]와 내용을 다르게 해 주세요.
- 아래 문항 유형을 참조해서 유사한 유형의 문항 [질문, 선지, 정답, 피드백]을 출력해 주세요.

다음은 당신이 참고할 자료입니다:
"""""""

[지문]
제목: 어딘가 이상하더라니 역시나…한국이 전 세계보다 2배 빨랐다

기자: 물이 찼던 호수 한복판은 너른 들판이 됐습니다. 흙은 갈라져 나가고 풀은 바싹 말라 죽었습니다. 지난 1984년 댐 건설로 수몰됐던 마을은 다시 드러났습니다. 40년 가까이 물 속에 있던 실개천 다리는 이제 사람이 지나다닐 수 있습니다. 제가 지금 서 있는 곳은 물이 찼을 때는 수심 5m 이상 되는 곳인데요. 지난해부터 계속된 가뭄으로 이렇게 풀만 무성하게 자랐습니다. 화순 적벽엔 가로줄이 선명합니다. 물과 뭍에 경계였던 자국입니다. 지난 2019년 물이 많아 방류를 고려했던 동복호는 2년 만에 담수 80%가 사라졌습니다. 씨 뿌릴 시기는 다가오고 물 부족은 이제 주민 생존을 위협합니다. 산으로 올라갔더니 멀리 숲은 한겨울 눈 내린 것처럼 허옇습니다. 가까이 다가가 보니 나무엔 잎이 없습니다. 해발 1600m 이상에서 자라는 토종 구상나무. 물이 부족해지면서 말라죽고 비틀어져 재를 뒤집어 쓴 모습입니다. 멸종 위기입니다.

명현호: 수분 스트레스라든지 기온 상승과 같은 이상 현상으로 인해서 좀 더 많은 고사 현상들이 일어나고 있습니다.

기자: 반면 해수면은 계속 올라가고 있습니다. 관광객이 걸으라고 만든 탐방로는 바다 밑에 있는 시간이 더 깁니다. 지난해 종일 관람이 가능한 날은 34일이었습니다. 지난 30년 동안 우리나라 해수면은 연평균 2.97mm 높아졌습니다. 세계 평균 1.7mm 보다 2배 정도입니다. 흑산도는 10여년 전부터 항구가 잠기기 시작했습니다.

조수양: 약주를 드시고 길을 가다가 육지인지 바다인지를 모르고 그리로 막 걸어가 버려요.

함유근: 기후변화가 되면 가뭄이나 폭우가 나타날 수 있는 그 주기 자체도 조금 더 증가한다고 알려져 있습니다.

기자: 기후변화는 이제 인간을 직접 겨냥하고 있습니다. JTBC 정진명입니다.

[질문] 위 뉴스에 대한 이해로 적절하지 않은 것은?
"""""""

이 프롬프트에 대해 생성된 문항은 다음과 같습니다. 평가에 활용할 동영상 콘텐츠의 스크립트와 질문 예를 제시하니 질문과 선지, 정답과 해설을 생성해 주었습니다.

ChatGPT

[질문(stem)]
위 뉴스에 대한 이해로 적절하지 않은 것은 무엇인가요?

[선지(options)]
A. 1984년에 물에 잠긴 마을이 최근 가뭄 때문에 다시 나타났다.
B. 우리나라의 해수면 상승률은 전 세계 평균보다 2배 빠르다.
C. 기후 변화로 인해 폭우와 가뭄의 주기가 증가하고 있다.
D. 지난 2019년 동복호에서는 물이 너무 많아 방류를 고려했다.
E. 40년 가까이 물속에 있던 실개천 다리는 이제 수심이 5m 이상이다.

[정답(answer)]
E. 40년 가까이 물속에 있던 실개천 다리는 이제 수심이 5m 이상이다.

[피드백(feedback)]
뉴스에서는 40년 가까이 물속에 있던 실개천 다리가 이제 사람이 지나다닐 수 있는 상태, 즉 물이 많이 빠진 상태로 서술되었습니다. 이 내용은 선지 E와 일치하지 않습니다. 선지 E는 이해가 부정확한 내용입니다.

앞선 결과물을 보니 챗GPT가 그럴듯한 문항을 만들어 주었습니다. 하지만 여기서 멈추면 안 됩니다. 챗GPT의 산출물은 신속한 초안 정도로만 여기고 꼭 꼼꼼하게 검토하고 수정하여 최종본을 만들어야 합니다. 실제로 앞선 결과물을 검토해 보면 선지의 매력도가 떨어지는 것이 있고, 무엇보다도 복수 정답의 우려가 있는 오답지도 있습니다. 챗GPT와 대화를 이어나가며 문항의 완성도를 높여 보겠습니다.

You

다음 [선지]는 매력적이지 않은 선지입니다. [지문]의 내용을 추론할 수 있는 텍스트로 다시 생성해 주세요.
A. 1984년에 물에 잠긴 마을이 최근 가뭄 때문에 다시 나타났다.

ChatGPT

죄송합니다, 조금 더 유의미한 선지를 만들겠습니다.

[선지(options)]
A. 1984년 댐 건설로 인해 수몰되었던 마을이 새로운 마을로 탄생하였다.

처음에 생성된 선지 A는 지문의 내용을 그대로 가져온 것으로 매력도가 낮았습니다. 지문의 내용을 그대로 가져온 선지는 읽기 능력을 사용하지 않고도 옳고 그름을 파악할 수 있기 때문입니다. 따라서 챗GPT에게 내용 추론이라는 선지 생성의 조건을 추가하여 새로운 선지를 생성하도록 하였습니다.

챗GPT가 수정해 준 선지 A는 확실히 추론이 필요한 선지로 수정되었습니다. 그런데 참이었던 선지를 거짓인 선지로 생성하였네요. 검토하지 않고 지나친다면 문항 오류로 이어질 수도 있는 부분입니다. 이처럼 챗GPT가 생성한 텍스트는 항상 교사의 검토가 필요합니다. 여기서는 이 선지의 수정 방향을 유지하고 다른 선지들을 추가로 수정해 보겠습니다.

　간혹 수정을 한 번 요청하더라도 선지가 여전히 원하는 수준에 도달하지 않을 수 있습니다. 이 경우에는 조건을 좀 더 추가하거나 예시를 제시하면서 수정 요청을 몇 차례 더 진행하시기 바랍니다.

You
위 조건을 참조하여 나머지 [선지]도 유의미한 오답으로 다시 생성해 주세요.

ChatGPT
알겠습니다. [지문]의 내용을 바탕으로 유의미한 오답을 포함한 [선지]를 만들겠습니다.

[질문(stem)]
위 뉴스에 대한 이해로 적절하지 않은 것은?

[선지(options)]
A. 기후 변화로 인해 폭우와 가뭄의 주기가 증가하고 있다.
B. 지난 2019년 동복호에서는 물이 너무 많아 방류를 고려했다.
C. 지난 30년 동안 한국의 해수면 상승은 세계 평균의 두 배 수준이었다.
D. 1984년 댐 건설로 인해 수몰되었던 마을이 새로운 마을로 탄생하였다.
E. 기후 변화로 인해 토종 구상나무가 고사하여 멸종 위기에 처해졌다.

[정답(answer)]
D

[피드백(feedback)]
A. 뉴스에 '기후 변화가 되면 가뭄이나 폭우가 나타날 수 있는 그 주기 자체도 조금 더 증가한다'고 제시되어 있습니다.
B. 뉴스에 언급된 내용으로 '지난 2019년 물이 많아 방류를 고려했던 동복호는 2년 만에 담수 80%가 사라졌'다고 하였습니다.
C. 뉴스에 한국의 해수면 상승 정도가 세계 평균의 2배라고 언급되었습니다.
D. 뉴스에 1984년 댐 건설로 인해 수몰된 마을이 다시 드러났다고 언급되었지만, 마을이 재건되어 새로운 마을로 탄생하였다는 내용은 없습니다.
E. 뉴스에 토종 구상나무가 말라죽고 비틀어져 멸종 위기라고 제시되었습니다.

이처럼 프롬프트로 대화를 반복하다 보면 챗GPT로도 유의미한 문항을 생성할 수 있습니다. 이 모두는 무료 버전으로 공개되어 있는 GPT-3.5를 활용한 것입니다. 뒤에 이어지는 4장에서는 유료 버전인 GPT-4를 활용하여 보다 더 완성도 높은 문항을 생성하는 방법을 설명합니다.

유의할 점은 어떤 버전을 이용하더라도 챗GPT로 생성한 문항은 교과 전문가인 교사가 지문, 선지 및 피드백을 반드시 검토하여 문항의 오류 여부를 점검해야 한다는 점을 명심해야 합니다.

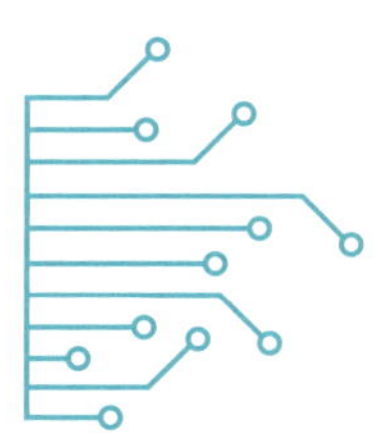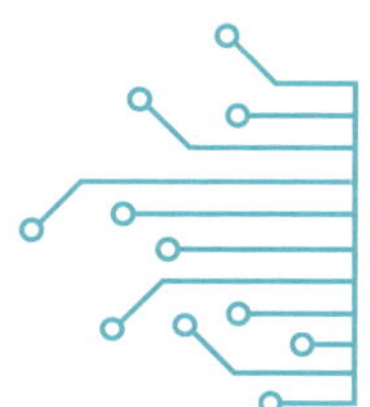

지문
: 기초 프롬프트와 퓨샷 러닝

문항에 들어갈 지문을 만드는 데 있어서 핵심이 되는 사항을 두 개 꼽아 보자면 우선 첫째로는 평가의 목적에 부합하는 지문일 것, 둘째로는 평가자가 설정하고자 하는(피평가자에 알맞은) 난이도와 복잡도에 부합한 지문일 것 정도를 생각해 볼 수 있습니다.

이 두 가지 사항을 충족시키는 지문을 챗GPT로 생성하기 위해서는 어떻게 하면 될까요? 이용할 수 있는 기법들이 있습니다. 바로 '기초 프롬프트(또는 프라이밍 프롬프트, priming prompt)'와 '퓨샷 러닝' 기법입니다.

기초 프롬프트란 이용자가 원하는 바를 프롬프트에 입력하기 전에 우선 챗GPT가 가지고 있는 사전 지식을 확인하고 이를 수정 피드백함으로써 기계가 생성해 내는 응답의 방향을 조정하는 과정을 의미합니다. 원하는 결과물을 요청하기 전에 진행하는 일종의 사전 정비 과정입니다.

예를 들어 출제자가 "한국의 초등학교 5학년 수준의 영어 지문을 만들어 주세요."라는 프롬프트를 입력했을 때 챗GPT가 만든 결과물은 출제자가 생각하는 5학년의 수준과 꽤 멀 수도 있습니다. 이런 일을 방지하기 위한 기법이 기초 프롬프트입니다.

퓨샷 러닝은 앞서 몇 차례 말씀드릴 기회가 있었습니다만 프롬프트에 챗GPT가 참고할 예시 몇 개(대체로 10개 이하)를 제시해 주는 것입니다. 질문, 지문, 선지, 해설 같은 문항의 요소마다 참고하게 할 예시문항이 다르다면 이를 구분하여 각기 명시해 주기만 하면 됩니다.

퓨샷 러닝은 많은 수의 예시가 필요하지 않다는 점에서 경제적이고, 프롬프트에 사용자가 원하는 조건들을 하나하나 별도의 표현으로 나열하며 설명하지 않고도 단번에 정확하게 전달할 수 있다는 점에서 챗GPT로부터 원하는 결과물을 얻도록 해 주는 효율성 높은 방법입니다.

여기에서는 기초 프롬프트와 퓨샷 러닝, 두 가지 기법을 이용해 출제자의 의도에 딱 맞는 지문을 챗GPT로부터 생성받기 위한 효과적인 프롬프트 작성법에 대해 알아보겠습니다. 예시로 초등학교 5학년 영어 평가를 위한 지문을 만들어 보겠습니다.

❶ 지문을 생성하기에 앞서, 챗GPT가 가지고 있는 기저 아이디어를 확인해 봅시다. 우선 피평가자의 수준에 대해 챗GPT가 어떻게 파악하고 있는지를 확인해 봅시다.

You
당신은 한국의 초등교사입니다. 학생들의 영어 평가에 활용할 수 있는 지문을 만들고 싶습니다. 먼저 한국의 초등학교 5학년 학생들의 영어 수준을 예시와 함께 설명해 주세요.

ChatGPT
한국의 초등학교 5학년 학생들의 영어 수준은 보통 기본적인 영어 읽기, 듣기, 말하기, 쓰기 능력에 초점을 맞추어 평가됩니다. 이들은 기초적인 어휘와 문법을 이해하며, 간단한 일상 대화와 문장을 구사할 수 있을 것으로 예상됩니다.

예를 들어, 다음은 초등학교 5학년 학생들의 영어 수준을 나타낼 수 있는 지문 예시입니다:

지문: My Family
Hello! My name is Hannah, and I'm 10 years old. I have a wonderful family. There are four people in my family: my dad, my mom, my younger brother, and me.

My dad's name is David. He is a doctor. He works at the hospital. He is tall and has short black hair. My mom's name is Emily. She is a teacher. She works at my school. She has long brown hair and loves to read books.

My younger brother's name is Liam. He is 6 years old. He is funny and likes to play soccer. We also have a pet cat named Whiskers. Whiskers is white and fluffy. I love spending time with my family and my cat.

Questions:

1. How many people are there in Hannah's family?
2. What does Hannah's dad do?
3. Where does Hannah's mom work?

❷ 챗GPT가 설명한 한국 초등학교 5학년 영어 수준에 맞는 지문은 교육과정의 수준과는 유사하나 길이가 다소 깁니다. 이를 조정하기 위해서는 지문 전체의 단어 수를 50단어 내외로 제한해야 한다고 프롬프트에 입력합니다.

만약!
챗GPT가 제시한 지문의 수준이 너무 어렵거나 쉽다면 "한국의 초등학교 5학년이라면 내용과 어휘를 조금 더 쉽게(어렵게) 만들어 주어야 합니다."라는 프롬프트를 입력해 주어서 챗GPT의 사전 지식을 보정해 주면 됩니다.
특히 영어과라면 이 프롬프트보다도 #ExplainLikeIam8과 같은 명령어를 사용하면 좋습니다. #ExplainLikeIam8는 미국의 8학년 수준의 영어로 설명(또는 글을 작성)하라는 의미입니다. 평가자가 원하는 수준의 미국 학년을 찾은 뒤 명령어를 프롬프트에 제시하면 챗GPT에게 보다 효과적으로 평가자가 원하는 수준이나 난이도를 제시할 수 있습니다.
한국어 지문을 만드는 경우라면 단어 수(word counts)가 아니라 글자 수로 설명하면 됩니다.
㉠ 글자 수를 500자 내외로 조정해 주세요.

이를 반영하여 챗GPT가 다시 만든 지문은 이제 출제자가 파악하고 있던 초등학교 5학년 교과서 영어 수준과 비슷해졌습니다. 이 과정을 통해 챗GPT가 기존에 가지고 있던 '피평가자 수준 관련 기저 정보'를 확인, 수정하였습니다.

 **You**
실제 한국의 초등학교 5학년 영어 지문은 이것보다 길이가 짧고 단어 수가 적습니다. 지문의 단어 수를 50단어 내외로 조정해 주세요.

ChatGPT

물론, 단어 수를 50개 내외로 조정한 초등학교 5학년 영어 지문 예시를 만들어 보겠습니다:

지문: My Hobby

Hi, I'm Alex. I'm 11 years old. I love drawing. I draw animals and nature. My favorite is drawing trees and birds. I use colors to make them pretty. I draw after school. My friends like my drawings.

Questions:

1. How old is Alex?
2. What does Alex love?
3. What does Alex draw?
4. When does Alex draw?
5. Who likes Alex's drawings?

이런 간단한 지문과 질문을 통해 학생들은 단어와 문장을 이해하고 기본적인 내용에 대해 답변할 수 있을 것입니다. 이렇게 조정된 짧은 지문은 초등학교 5학년 학생들의 영어 수준을 평가하는 데 도움이 될 것입니다.

❸ 이번에는 출제자가 제작하려는 문항이 교과서 수업을 들은 학생들을 대상으로 한다는 점에 착안하여, 챗GPT가 영어 교과서의 구성에 대해 어떤 사전 지식을 가지고 있는지를 확인하고 추가 정보를 제공하여 수정하는 기초 프롬프트 과정을 진행해 보겠습니다.

You

좋습니다. 한국의 초등학교 5학년 영어 수준은 이렇게 정의하면 될 것 같아요. 이번에는 한국의 초등학교 영어 교과서가 어떻게 구성되어 있는지 설명해 주세요.

 **ChatGPT**

한국의 초등학교 영어 교과서는 보통 기본적인 영어 읽기, 듣기, 말하기, 쓰기 능력을 향상시키기 위해 다양한 주제와 활동을 포함하고 있습니다. 아래는 일반적으로 한국의 초등학교 영어 교과서에 포함될 수 있는 내용들을 설명해 드리겠습니다:

1. 단어와 문장 구조: 초등학교 영어 교과서에서는 기본적인 어휘와 문장 구조를 소개합니다. 이를 통해 학생들은 간단한 대화와 문장을 만들 수 있게 됩니다.

2. 일상 대화 주제: 학생들이 일상 생활에서 사용할 수 있는 대화 주제를 다룹니다. 가족, 친구, 학교, 취미 등의 주제가 포함될 수 있습니다.

3. 읽기 이해: 교과서에는 간단한 영어 지문이 포함되어 있으며, 이를 통해 학생들은 영어를 읽고 이해하는 연습을 합니다. 이러한 지문은 학생들의 읽기 이해 능력을 향상시키기 위한 문제와 함께 제공될 수 있습니다.

4. 듣기 활동: 학생들은 영어 단어와 문장을 듣고 이해하는 연습을 합니다. 강좌나 테이프를 통해 듣기 활동이 진행될 수 있습니다.

5. 말하기 연습: 학생들은 간단한 대화나 질문에 대답하며 영어로 의사 소통하는 연습을 합니다. 교과서에는 다양한 말하기 활동이 포함될 수 있습니다.

6. 쓰기 연습: 학생들은 간단한 문장부터 시작하여 이야기나 짧은 글을 쓰는 연습을 합니다. 주어진 주제나 그림을 바탕으로 글을 작성하는 활동도 포함됩니다.

7. 노래와 게임: 교과서에는 학습을 더욱 재미있게 만들기 위한 노래와 게임이 포함될 수 있습니다. 이를 통해 언어 습득을 즐겁게 할 수 있습니다.

8. 문화 및 다양성: 몇몇 교과서는 다양한 문화와 국가에 대한 정보도 포함하여 학생들에게 다양성을 이해하고 존중하는 데 도움을 줍니다.

총론적으로, 한국의 초등학교 영어 교과서는 기초적인 언어 능력을 키우고 일상적인 상황에서의 소통을 가능하게 하는 데 초점을 맞추고 있습니다. 이러한 구성을 통해 학생들은 점진적으로 영어 실력을 향상시킬 수 있습니다.

You

한국의 초등학교 영어 교과서에는 각 Unit별로 목표 표현이라는 것이 있고 이를 네 가지 기능(듣기, 말하기, 읽기, 쓰기)으로 반복적으로 학습합니다. 목표 표현의 예로는 "Whose ~ is this?", "It's mine."을 들 수 있습니다.

ChatGPT

네, 그렇습니다! 초등학교 영어 교과서에서는 각각의 단원(Unit)마다 목표 표현을 설정하고 이를 반복적으로 다양한 기능을 통해 학습합니다. 이를 통해 학생들은 특정 주제나 상황에서 사용할 수 있는 핵심 문장이나 표현을 습득하게 됩니다. "Whose ~ is this?"와 "It's mine."과 같은 목표 표현은 학생들에게 일상적인 상황에서 물건의 소유자를 묻거나 대답하는 방법을 가르침으로써 학생들의 실생활 소통 능력을 강화하는 데 도움을 줄 수 있습니다.

이러한 목표 표현은 학생들이 영어를 사용하는 다양한 상황에서 바로 적용할 수 있는 구체적인 문장이므로, 학습의 실용성과 유용성을 높여 줍니다. 목표 표현을 다양한 기능을 통해 반복적으로 학습하면서 학생들은 문장을 듣고 말하며, 읽고 쓰는 연습을 하면서 표현을 자연스럽게 습득하게 됩니다. 이러한 접근 방식은 학생들이 영어를 자연스럽게 소화하고 익힐 수 있도록 도와줍니다.

✳ 퓨샷 러닝 : 참고 지문 제시하기

기초primimg 과정을 통해 챗GPT가 가지고 있던 기저 수준을 확인하고 이를 사용자가 생각하는 수준과 맞추었다면 이제 본격적으로 지문을 생성해 보겠습니다.

❹ 챗GPT에게 지문 생성을 요청할 때, 평가자가 원하는 구성이나 형식과 관련된 조건(例 대화 형식)을 제시하며 참고할 예시 지문 몇 개를 예시로 제공하여 퓨샷 러닝이 이루어지도록 합니다. 사용자가 원하는 결과물의 내용 및 특징이 예시에 잘 담겨 있을수록 좋은 결과물이 나올 가능성이 높아집니다.

아래 프롬프트에 제시한 예시 지문*의 경우, 초등학교 영어 교과서에서 가장 많이 등장하는 담화의 형태이며 지문의 소재나 길이(단어의 수) 역시 적정하다고 볼 수 있습니다. 이때 챗GPT에게 두 가지 이상의 항목을 제시할 때는 번호를 매기는 등 개조식으로 작성하는 것이 좋습니다. 프롬프트는 최대한 명시적으로 작성해야 작성자의 요구가 보다 효과적으로 정확하게 전달될 수 있기 때문입니다.

챗GPT의 답을 보면, 실제로 예시 지문과 유사성이 높은 지문을 작성해 주었습니다. 앞서 기초 프롬프트를 통해 초등학교 5학년 학생 수준을 정의하고 난 다음이라, 지문의 수준 역시 평가자가 요구한 것과 비슷합니다. 생성된 지문의 내용이나 난이도가 초등학교 5학년 학생들의 수준에 적합하여 실제 평가에 활용해도 좋을 수준에 이르렀습니다.

 **You**

좋습니다. 이제 지금까지 이야기한 한국의 초등학교 5학년 영어 수준과 교과서 구성에 맞는 평가용 영어지문을 생성해 주세요. 다음 예시와 같은 형식과 구성으로 만들어 주세요.
###
단원 목표 표현: "Whose ~ is this?", "It's ~'s."
지문 예시: "Let's look at this painting. What are they doing?"
"They are doing ssireum."
"Whose painting is this?"
"It's Gim Hongdo's."
"Whose paining is that?"
"It's Pablo Picasso's. Pablo Picasso is a Spanish painter."
"Look at the woman in the picture,"
"Oh, she looks sad. She is crying."
###

---

* 2015 개정 교육과정 초등영어 교과서 5학년(대교, 이재근)에서 발췌함.

ChatGPT
물론, 당신이 원하는 형식과 구성으로 평가용 영어 지문을 만들어 보겠습니다:

단원 목표 표현: "Whose ~ is this?", "It's ~'s."

지문: Art Show

Hello! Welcome to our school's art show. Look at the paintings. This one shows kids flying kites. Whose painting is this? It's Jenny's. Next, a dance party. Whose painting? Alex's. Busy city painting? David's. Cat and dog under a tree? Emily's. Try asking, "Whose painting is this?" and saying, "It's [Name]'s."

❺ 챗GPT가 생성해 준 지문을 기반으로 이번에는 목표 표현을 이용하되 소재를 다양화한 지문을 생성해 보겠습니다.

You
좋습니다. 이것과 비슷한 수준, 형식으로 새로운 지문 2개를 더 생성해 주세요. 목표 표현은 "What time do you ~?", "I ~ at ~."입니다.

ChatGPT
물론이죠! 요청하신 형식과 수준에 맞춰 새로운 지문 2개를 생성해 보겠습니다:

단원 목표 표현: "What time do you ~?", "I ~ at ~."

지문: Daily Routine

Hello, everyone! Let's talk about our daily routines. Jane, what time do you wake up? "I wake up at 7 AM." Nice! And what time do you eat breakfast? "I eat breakfast at 7:30 AM." Good job, Jane! What time do you go to school? "I go to school at 8 AM." Fantastic! Remember, "What time do you ~?" and "I ~ at ~."

단원 목표 표현: "What time do you ~?", "I ~ at ~."

지문: After School Activities

Hi, friends! Let's share our after-school activities. Tom, what time do you play soccer? "I play soccer at 4 PM." Awesome! And what time do you do your homework? "I do my homework at 5:30 PM." Great job, Tom! Emma, what time do you read books? "I read books at 6 PM." Wonderful! Keep in mind, "What time do you ~?" and "I ~ at ~."

이런 식으로 새로운 지문을 활용하면 "What time do you ~?"와 "I ~ at ~." 표현을 익히고 실제 상황에서 활용할 수 있도록 도움을 줄 수 있을 것입니다.

❻ 지문의 형식을 바꿔 보겠습니다. 지문의 형식은 위와 같은 담화 형식도 있지만 텍스트 형식의 지문도 있습니다. 같은 목표 표현을 이용하되 텍스트 형식의 지문을 작성하라고 해 보겠습니다. 이때 형식에 대한 예시를 추가 제시하여 퓨샷 러닝 하도록 하는 것도 좋습니다.

 **You**

이번에는 "I get up at 7."과 같이 일과를 나타내는 표현을 목표 표현으로 하는 텍스트 지문을 작성해 주세요. 단어의 수는 50개 내외로 작성해 주세요.

 **ChatGPT**

물론이죠! 다시 한번 요청하신 목표 표현 "I get up at 7."을 활용한 텍스트 지문을 작성해 드리겠습니다:

단원 목표 표현: "I get up at 7."

지문: A Busy Day

Hello, everyone! Let's talk about our busy days. My day starts at 7. I get up and have a quick shower. Breakfast is at 7:30. Then, I go to school. School finishes at 3:30. I join the soccer team practice till 5. After that, I do my homework. Dinner is at 6:30. I watch TV for a bit, and bedtime is at 9. "I get up at 7" keeps me on track!

영어과를 예로 들어 지금까지 챗GPT를 이용한 지문 생성 과정을 살펴보았습니다. 평가에 활용할 지문을 생성하기 위해서는 챗GPT가 평가의 목적(예 목표 표현의 이해) 및 피평가자의 수준과 흥미를 고려할 수 있도록 프롬프트를 작성해 주는 것이 중요합니다. 지문 생성을 위한 프롬프트 작성에 있어서 핵심사항 3가지는 다음과 같습니다.

① 문항 생성을 지시하기 전, 기초 프롬프트 기법을 이용해 사용자와 챗GPT가 생각하는 사전 지식을 일치시킨다.

② 문항 생성을 지시할 때는 퓨샷 러닝 기법을 이용해 예시를 몇 개 제시한다.

③ 생성된 문항에서 소재나 지문의 형식만 다르게 하도록 하여, 다양한 지문을 생성해 활용한다.

이렇게 하면 챗GPT는 다양한 소재를 이용해 주어진 조건에 맞는 지문을 많이 생성해 줍니다. 학년 발달 수준에 맞는 수많은 소재나 학생들이 쉽게 경험할 수 있는 다양한 상황 속에 목표 표현을 녹인 다양한 지문 생성이 가능해집니다. 따라서 이를 잘 활용한다면 단순히 암기에만 의존한 교과서 지문 중심의 획일적 평가에서 벗어날 수 있고, 다양한 예시 상황을 통해 학생들이 학습 내용에 보다 흥미를 갖도록 하는 데 도움이 될 것입니다.

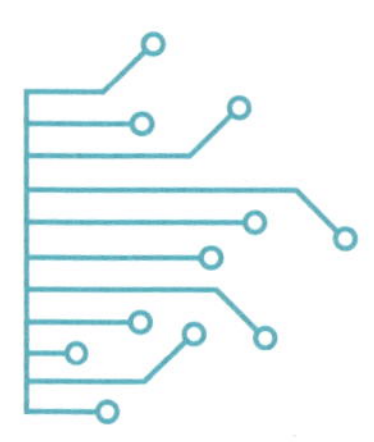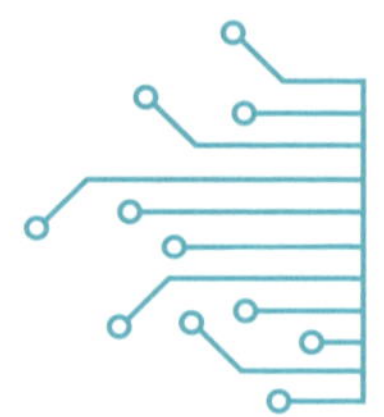

선지
: 매력적인 오답 만들기

선다형 문항을 만들 때 좋은 선지를 만든다는 것은 무엇을 의미할까요? 매력적인 오답 선지들을 만들어 내는 일일 것입니다. 매력적인 오답 선지는 정답과 다르기만 해서는 안 됩니다. 학생들이 하기 쉬운 오해나 흔한 실수를 반영한 오답이어야 매력도가 높습니다. 매력적인 오답은 학습자의 이해도가 온전한 수준에 이르렀는지를 변별해 주기 때문에 분명한 교육적 기능을 가지고 있습니다.

여기에서는 선지를 만드는 방법을 알아보되 특히 매력적인 오답을 챗GPT로부터 생성받기 위한 효과적인 프롬프트 작성법에 대해 알아보겠습니다. 그리고 예시로 수학 과목의 문항 제작 상황을 제시하여, 수식을 입력하는 방법과 출력된 수식을 이용하는 방법 등에 대해서도 함께 설명하겠습니다.

수식 도구: LaTeX

키보드를 이용해 한글이나 워드 등의 문서 프로그램에서 수학 방정식 같은 수식을 깔끔하고 보기 좋게 입력하는 일은 쉽지가 않습니다. 그런데 문제집이나 시험지 등에는 수식이 깔끔하고 표준화된 형식으로 잘 나타나 있습니다. 이를 가능하게 해 주는 문서 작성 도구가 따로 있기 때문입니다. 'LaTeX'가 바로 그것입니다.

$$y = ax\textasciicircum 2 + bx + c \quad --- \quad \text{LaTeX} \quad ---> \quad y = ax^2 + bx + c$$

LaTeX는 출판물이나 논문 등을 작성할 때 특수 형식을 보기 좋게 입력하기 위해 만들어진 문서 입력 프로그램입니다. 수식, 그래프, 다이어그램 등을 표시할 때 특히 유용한 이 도구는 미국 컴퓨터 과학자 레슬리 램포트Leslie Lamport가 1984년에 발표했고 레이텍, 라텍, 라텍스, 레이텍스 등 다양한 방식으로 읽혀 왔는데 이 책에서는 '레이텍'이라고 적겠습니다. 그리고 물론 챗GPT는 레이텍 문법을 알고 있습니다.

문항은 학습자에게 오해의 소지 없이 정확하게 전달될 수 있도록 표시되어야 하므로 수학, 과학 등 문항에 수식을 제시해야 하는 교과에서는 출제에 레이텍을 이용하고 있습니다. 챗GPT에서 [New chat]을 눌러 대화창을 열었다면 우선 아래와 같은 요청을 간단히 입력해 두세요. 이어지는 대화에서 챗GPT가 수식이나 그래프 등의 도식을 깔끔한 형식으로 출력해 보여 줍니다.

You
모든 수학 관련 표현은 LaTeX로 대체해 주세요.

✳ 매력적인 선지 생성하기

❶ 중학교 1학년 학생들을 대상으로 하는 일차방정식의 활용 단원 문항을 만들어 보겠습니다.

기본원리 ABC에 따라 필요한 역할을 제시하고, 문항의 조건을 제시하고, 예시문항을 제공해 봅시다. 이때 매력적인 선지를 만들어 달라는 것은 ABC

가운데 어떤 것에 해당될까요? B입니다. 문항의 조건 중 하나로 '선지는 혼동하기 쉽게 만들 것'을 언급하면 됩니다. 다음의 예시 프롬프트의 7번 규칙처럼 조건으로 명시하면 됩니다.

❷ 예시 문항에 포함된 복잡한 수식이나 그래프는 프롬프트에 어떻게 입력해 넣을 수 있을까요? 이미 레이텍으로 구현되어 있는 그래프를 그대로 복사하여 붙여넣기는 불가능합니다. 이때는 레이텍으로 구현하기 위해 입력했을 코드를 입력하면 됩니다. 코드는 텍스트 형태이기 때문입니다. 다음 프롬프트의 〈예시〉와 〈해설〉 부분이 그 예입니다.

그렇다면 이런 코드는 어떻게 알 수 있는 걸까요? 걱정 마세요. PDF나 이미지로부터 레이텍 코드를 자동으로 추출해 주는 크롬 확장 프로그램 Equatio가 있습니다. 설치법 및 사용법은 다음과 같습니다.

>> 수학 예시문항의 수식이나 그래프를
프롬프트에 입력 가능한 텍스트로 변환하는 법: Equatio 설치 및 사용 방법

① 크롬 실행하기 > 웹스토어 검색해 들어가기 > 'Equatio'를 검색바에서 찾고 크롬에 추가(설치)하기

② 주소 표시줄 오른쪽의 확장 프로그램 아이콘 클릭하여 Equatio 실행하기 (처음 1회 구글 계정 등으로 로그인)

③ 레이텍 코드를 추출하려는 문항이 담긴 PDF 또는 이미지 파일을 구글 드라이브에 업로드하기

④ 구글 드라이브에서 PDF 또는 이미지 파일을 클릭하여 미리보기 띄우기 > 브라우저 하단에 생성되어 있는 Equatio 바에서 [Screenshot Reader] 선택 > 드래그 하여

코드 추출 필요 부분을 사각형으로 지정 > 사각형 우상단 메뉴 아이콘(점 세 개) 클릭

하여 [Copy LaTeX] 선택(코드 추출) > 챗GPT 등에 텍스트로 붙여넣기

You

당신은 중학교 1학년 일차방정식의 활용 단원을 가르치는 수학 교사입니다.

<예시>를 참고하여 일차방정식의 활용과 관련된 실생활 문제를 세 개 만들어 주세요.

###<규칙>

1. 문제의 길이는 500token(한글 250자)이상으로 만들것.

2. 실생활 속에서 쉽게 볼 수 있는 창의적인 소재일 것.

3. 상세한 해설을 함께 제시할 것.

4. 문제의 구성이 논리적이어야 함.

5. 문제 난이도 상으로 실생활 문항 2가지를 만듦.

6. 5지선다형으로 문항을 제작하고 선지별로 해석함.

7. 반드시 학생들이 혼동하기 쉬운 선지를 만듦.

8. 반복적으로 검산하여 풀어 오류를 줄임.

9. 해설에 x에 관한 식을 이용해 해결함.

10. 문항에서 반올림 없이 정수가 나오도록 제작함.

</규칙>

<예시> $\begin{array}{l}\text{15 어느 중학교의 작년 학생 수는 900 이었고,}\text{ 올해는 작년에 비하여 남학생 수는 } 4 \% \text{ 증가하고}\text{ 여학생 수는 } 8 \% \text{ 감소하여 전체 15 명이 감소했다고}\text{ 한다. 올해 여학생 수는?}\\$
$\text{(1) 390}\\$
$\text{(2) 391}\\$
$\text{(3) 425}\\$
$\text{(4) 475}\\$
$\text{(5) 494}\end{array}$ </예시>

<해설> $\begin{array}{l}\text{풀이 | 작년 여학생 수를 } x \text{ 라 하면 남학생 수는}900-x \text{ 이다.}\\$
$\text{올해 증가한 남학생 수는 } \quad(900-x) \times \frac{4}{100}\\$
$\text{올해 감소한 여학생 수는 } \quad x \times \frac{8}{100}\\$
$\text{이때 올해 학생 수가 작년에 비하여 15 명 감소하}\text{ 였으므로}\\$
$(900-x) \times \frac{4}{100}-x \times \frac{8}{100}=-15\\$
$\text{이 방정식을 풀면}\\$
$4(900-x)-8 x=-1500 \\$
$3600-4 x-8 x=-1500 \\$
$-12 x=-5100, x=425\\$
$\text{따라서 올해 여학생 수는}\\$
$425-425 \times \frac{8}{100}=391\\$

\text{따라서 (2)이다.}\\
\text{확인 작년 여학생 수가 425 이면 작년 남학생 수}\text{ 는 475 이므로 올해 학생 수는}\\
\begin{aligned}& \left(475+475 \times \frac{4}{100}\right)+\left(425-425 \times \frac{8}{100}\right) \\
= & 885\end{aligned}\\
\text{따라서 올해는 작년에 비해 전체 15 명이 감소했}\text{ 으므로 문제의 뜻에 맞는다.}\end{array} </해설> ###

ChatGPT

문제 1.

어느 직장에서 근무하는 지수는 작년에 비해 물가가 5% 상승한 것을 느꼈습니다. 그래서 그의 월급을 인상하려고 합니다. 작년 월급이 1,200,000원이었다면 올해 인상된 월급은 얼마일까요?

(1) 1,230,000원

(2) 1,250,000원

(3) 1,260,000원

(4) 1,280,000원

(5) 1,300,000원

해설:

지수의 올해 월급을 x로 놓습니다. 물가 상승으로 인한 올해 월급은 원래 월급에 물가 변동을 곱한 값이 됩니다. 따라서 x= 1,200,000+ 1,200,000 × 0.05를 계산하면 x= 1,260,000이 됩니다. 따라서 올해 월급은 1,260,000원이므로 정답은 (3)입니다.

문제 2.

학생들이 핸드폰 요금제를 비교하려고 합니다. 학생 A는 월 25,000원의 기본료와 분당 50원의 통화료를 내는 요금제를 사용하고 있습니다. 학생 B는 월 35,000원의 기본료와 분당 40원의 통화료를 내는 요금제를 사용하고 있습니다. 두 학생이 한 달 동안 통화한 시간이 같을 때, 어느 학생이 더 저렴하게 통화할 수 있을까요?

(1) 학생 A

(2) 학생 B

(3) 두 요금제의 비용이 같음.

(4) 정보 부족으로 결정할 수 없음.

해설:

학생 A의 요금은 기본료와 통화료를 합한 값이며, 25,000 + 통화시간 × 50원입니다. 학생 B의 요금은 35,000 + 통화시간 × 40원입니다. 두 학생이 같은 통화시간을 사용한다고 가정하면 학생 A의 요금은 학생 B의 요금보다 더 저렴합니다. 따라서 정답은 (1)입니다.

❸ 문항이 생성된 뒤에도 선지의 오답 매력도를 한 번 더 높이도록 수정 요청을 해 봅시다. 학습을 다소 불완전하게 완료한 학생들이 가지기 쉬운 오개념이나 오해를 반영한 오답이 선지에 포함되고 이를 해설하도록 해 보겠습니다. 다음의 요구와 응답을 보면 문항의 질과 평가의 효과성이 높아집니다.

You
문제1의 선지는 좀 더 매력적인 오답이 포함되도록 수정하고 각 선지에 대해 해설해 주세요.

ChatGPT
문제 1.
어느 직장에서 근무하는 지수는 작년에 비해 물가가 5% 상승한 것을 느꼈습니다. 그래서 그의 월급을 인상하려고 합니다. 작년 월급이 1,200,000원이었다면 올해 인상된 월급은 얼마일까요?
(1) 1,206,000원
(2) 1,212,000원
(3) 1,250,000원
(4) 1,260,000원
(5) 1,320,000원

해설:
(1) 1,206,000원: 초기 월급에 5% 상승한 값에 대한 계산 오류로 인한 오답입니다.
(2) 1,212,000원: 초기 월급에 5% 상승한 값에 대한 계산 오류로 인한 오답입니다.
(3) 1,250,000원: 초기 월급에 5% 상승한 값에 대한 계산 오류로 인한 오답입니다.
(4) 1,260,000원: 올바른 계산으로 초기 월급에 5%를 곱해 더한 값이 맞는 정답입니다.
(5) 1,320,000원: 초기 월급에 5% 상승한 값에 대한 계산 오류로 인한 오답입니다.
따라서 최종 정답은 (4)입니다.

처음 생성되었던 물가 상승과 월급 인상 문항은 물가가 5% 인상된 월급을 찾는 것이었습니다. 수정된 문항은 선지 1의 경우 0.5% 상승값, 2는 1% 상승값, 3은 정답과 유사한 값, 5는 10% 상승값을 제시함으로써 문항을 잘못 인식한 학생들의 계산 실수를 검증해 낼 수 있는 선지를 제공하게 되었습니다.

❹ 챗GPT가 생성한 선지나 해설에는 오류가 발생해 있을 수 있습니다. 실제로 크고 작은 문항 오류가 꽤 발생하는 편입니다. 따라서 직접 검토를 꼭 수행해야 합니다. 수학적 계산과 용어 등 모든 측면을 꼼꼼히 살펴보아야 합니다. 오류를 발견하면 이를 챗GPT에게 알려 주면 됩니다. 수정본을 챗GPT가 만들어 줍니다.

실제로 앞서 생성했던 문제 2에도 오류가 있습니다. 1,000분이 되기 전까지는 학생 A가 저렴하게 통화를 할 수 있고 1,000분이 되면 학생 A와 학생 B의 요금이 같아지고 1,000분을 넘어서면 학생 B의 요금이 더 유리해집니다. 따라서 1,000분 미만이라는 시간 조건이 주어져야 오류 없는 문제가 될 수 있습니다. 이를 챗GPT에게 올바르게 수정받은 뒤 문항 초안으로 활용합니다.

You
문제 2에서 통화 시간이 길어지면 학생 B가 더 저렴해지는 것 같습니다. 오류를 수정해 주세요.

ChatGPT
네, 맞습니다. 제가 제시한 문제 2 해설에 오류가 있었습니다. 통화 시간이 더 길어지면 학생 B의 요금이 더 저렴해지게 됩니다. 학생 A의 경우 통화 시간이 길어질수록 주기적인 통화료가 더 많이 발생하게 되므로 학생 B의 요금제가 더 저렴한 선택입니다.
해당 문제의 수정된 해설은 아래와 같습니다.

문제 2.
학생들이 핸드폰 요금제를 비교하려고 합니다. 학생 A는 월 25,000원의 기본료와 분당 50원의 통화료를 내는 요금제를 사용하고 있습니다. 학생 B는 월 35,000원의 기본료와 분당 40원의 통화료를 내는 요금제를 사용하고 있습니다. 두 학생이 한 달 동안 통화한 시간이 같을 때, 어느 학생이 더 저렴하게 통화할 수 있을까요?
(1) 학생 A
(2) 학생 B
(3) 두 요금제의 비용이 같음.

(4) 정보 부족으로 결정할 수 없음.

해설:
학생 A의 요금은 기본료와 통화료를 합한 값이며, 25,000 + 통화시간 × 50원입니다. 학생 B의 요금은 35,000 + 통화시간 × 40원입니다. 두 학생이 같은 통화시간을 사용한다고 가정하면 학생 A의 요금은 학생 B의 요금보다 더 저렴합니다. 하지만, 통화 시간이 길어질수록 학생 B의 요금이 더 저렴해집니다. 따라서 통화 시간이 일정 수준 이상 길어진다면 학생 B의 요금제가 더 저렴한 선택이 될 것입니다.
통화 시간이 어느 정도 길어져야 하는지에 대한 정보가 없으므로 학생들은 통화 시간에 따라 어느 요금제가 더 저렴한지 판단하기 위해 추가 정보가 필요합니다.
따라서 정답은 (4)입니다.

프롬프트를 영어로 번역하여 입력하는 것도 오류를 최소화하는 데 효과적인 방법일 수 있습니다.

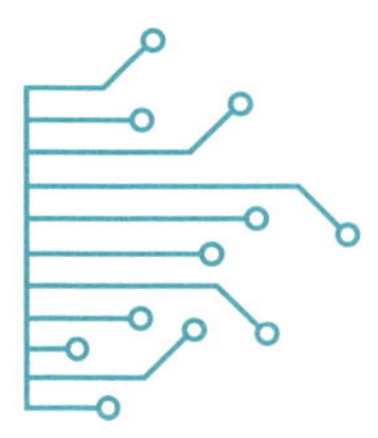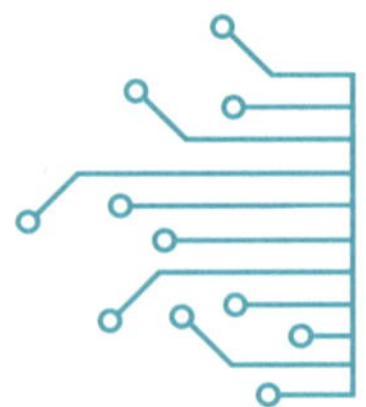

해설
: 개별 맞춤형 피드백 만들기

학생 각각의 반응에 맞춰 서로 다른 문항 해설을 제공하는 개별 맞춤형 피드백은 피드백을 제공하고자 하는 평가의 범위에 따라 성격이 다릅니다. 거시적 수준에서의 맞춤형 피드백은 주로 총괄평가에 대한 것으로, 학습 내용에 대한 학생의 종합적인 성취 수준 및 이에 따른 추후 학습 내용 등을 다룹니다. 반면 미시적 수준의 맞춤형 피드백은 문항 단위의 반응에 대한 피드백입니다. 이 경우 문항 해설은 한 문항에 대한 응답을 토대로 학생이 해당 문항에서 묻는 개념을 어느 정도로 이해했는지를 파악하고 이에 알맞은 개별적 해설을 제공하는 것입니다.

챗GPT를 활용하면 학생들이 가질 수 있는 오개념을 예측하고 이를 토대로 한 문항을 생성한 뒤 개별 맞춤형 피드백을 제공하는 해설까지 손쉽게 생성할 수 있습니다.

❶ 초등학교 5학년 학생들을 대상으로 하는 과학 '용해와 용액' 단원의 문항을 만들어 보겠습니다. 문항을 생성하기에 앞서, 기초 프롬프트 과정을 통해 챗GPT가 가지고 있는 기저 아이디어를 확인해 봅시다. 우선 해당 단원의 학습 내용에 대해 챗GPT가 어떻게 파악하고 있는지를 확인해 봅시다.

You

당신은 한국의 초등학교 교사입니다. 한국의 초등학교 5~6학년 과학 교과서에는 '용해와 용액' 단원이 나옵니다. 이 단원에서 배우는 내용에 대해 설명해 주세요.

ChatGPT

"용해와 용액" 단원은 한국의 초등학교 5~6학년 과학 교과에서 배우는 중요한 내용입니다. 이 단원의 주요 목표는 학생들이 용해라는 현상과 용액의 개념을 이해하도록 돕는 것입니다. 아래는 이 단원에서 다루는 주요 내용들입니다:

1. **용해 현상의 이해**: 용해는 어떤 물질이 다른 물질에 섞여서 일정한 성질을 가진 용액을 형성하는 과정입니다. 이 과정에서 솔리드(고체), 리퀴드(액체) 또는 가스(기체) 형태의 용질이 용매에 섞여 들어가는 것을 배웁니다.

2. **용액의 정의와 종류**: 용액은 용질과 용매가 완전히 섞여서 균일한 혼합물을 이루는 것입니다. 용액은 일반적으로 액체 형태가 많지만, 고체 용액이나 기체 용액도 존재한다는 점을 배웁니다.

3. **농도의 개념**: 용액의 농도는 용액 내 용질의 양을 나타내며, 어떻게 농도를 측정하고 표현하는지에 대한 방법을 배웁니다. 농도는 용액의 특성을 결정하는 중요한 요소로 작용합니다.

4. **포화 용액과 불포화 용액**: 포화 용액은 더 이상 용질이 용해될 수 없을 때의 상태를 말하며, 불포화 용액은 아직 용질이 더 용해될 수 있는 상태입니다. 학생들은 이 두 상태의 차이와 조건들을 배웁니다.

5. **용해도와 온도의 관계**: 대부분의 경우 온도가 높아질수록 용해도가 증가하지만, 이는 용질과 용매의 종류에 따라 다를 수 있습니다. 학생들은 온도 변화가 용해도에 어떤 영향을 미치는지 실험을 통해 배울 수 있습니다.

6. **용해의 일상적 예시**: 소금이나 설탕이 물에 녹는 과정, 탄산음료 속의 이산화탄소 용해 등, 일상에서 쉽게 접할 수 있는 용해 현상의 예를 통해 학생들은 이론을 실제와 연결 짓는 방법을 배웁니다.

이 단원은 실험과 실제 생활 사례를 통해 학생들이 용해와 용액에 대한 이해를 심화할 수 있도록 구성되어 있습니다. 이러한 지식은 학생들이 화학적 현상을 이해하는 데 중요한 기초가 됩니다.

❷ 챗GPT가 단원의 내용으로 제시한 대답은 초등학교에서 배우는 내용의 범위를 다소 벗어나 있습니다. 초등학교 5학년에서 배우는 실제 단원의 내용을 챗GPT가 파악할 수 있도록 해 주겠습니다. 교과서의 차시 제목 혹은 교육과정의 성취기준을 제시해 주도록 하겠습니다.

이를 반영하여 챗GPT가 다시 대답한 단원 내용은 이제 초등학교 5학년 과학 교과의 수준과 비슷해졌습니다. 이 과정을 통해 챗GPT는 기존에 가지고 있던 학년별 단원 내용에 관한 정보를 수정한 것입니다.

You

방금 대답한 내용 중에는 초등학교 학습 내용 범위를 벗어나는 내용들도 포함되어 있습니다. 실제로 초등학교에서는 다음과 같은 제목의 차시들을 배웁니다. :
###
1. 여러가지 물질을 물에 넣으면 어떻게 될까요?
2. 물에 용해된 물질은 어떻게 되었을까요?
3. 용질의 종류에 따라 물에 용해되는 양은 어떻게 될까요?
4. 물의 온도에 따라 용질이 용해되는 양은 어떻게 될까요?
5. 용액의 진하기는 어떻게 비교할까요?
6. 용액의 진하기를 비교하는 기구를 만들어 볼까요?
###
위의 차시 제목들을 바탕으로 이 단원의 학습 내용을 다시 정리해 주세요.

 **ChatGPT**

초등학교 5~6학년의 "용해와 용액" 단원에서는 실생활과 관련된 다양한 실험과 관찰을 통해 용해 현상을 이해하도록 설계되어 있습니다. 아래는 각 차시의 핵심 학습 내용을 정리한 것입니다:

1. **여러가지 물질을 물에 넣으면 어떻게 될까요?**
- 이 차시에서는 다양한 물질(예: 소금, 설탕, 모래, 기름 등)을 물에 넣어 관찰합니다. 학생들은 어떤 물질이 물에 잘 녹는지, 어떤 물질이 녹지 않는지를 관찰하며 용해 가능한 물질과 불용성 물질을 구분하는 법을 배웁니다.

2. **물에 용해된 물질은 어떻게 되었을까요?**
- 이번 차시에서는 물에 녹은 후의 물질이 어떻게 되는지 관찰합니다. 용해된 물질이 눈에 보이지 않게 되는 이유와 그 과정에서 일어나는 분자적 상호작용에 대해 탐구합니다.

3. **용질의 종류에 따라 물에 용해되는 양은 어떻게 될까요?**
- 여기서는 다른 종류의 용질(예: 소금과 설탕)이 같은 양의 물에 얼마나 용해되는지 비교합니다. 용질의 종류에 따라 용해도가 다르다는 것을 이해하고, 용해도의 개념을 소개합니다.

4. **물의 온도에 따라 용질이 용해되는 양은 어떻게 될까요?**
- 온도가 용해도에 미치는 영향을 실험을 통해 배웁니다. 물의 온도를 다르게 하여 같은 양의 용질이 얼마나 용해되는지 관찰함으로써, 온도가 용해 속도와 양에 어떤 영향을 미치는지 이해합니다.

5. **용액의 진하기는 어떻게 비교할까요?**
- 용액의 진하기, 즉 농도를 비교하는 방법을 배웁니다. 다양한 농도의 용액을 준비하고, 이를 시각적으로 비교하거나 간단한 도구를 이용해 농도를 측정하는 방법을 학습합니다.

6. **용액의 진하기를 비교하는 기구를 만들어 볼까요?**
- 실제로 학생들이 직접 간단한 도구를 만들어 농도를 측정하는 방법을 탐구합니다. 이 활동을 통해 학생들은 과학적 원리를 이용해 문제를 해결하는 방법과 과학적 도구를 만드는 방법을 실습합니다.

이 단원은 용해 현상을 직접 실험하고 관찰함으로써 이론적 지식과 실제 경험을 통합하여 학생들의 과학적 사고와 탐구 능력을 키우는 데 초점을 맞추고 있습니다.

 ## 주요 오개념을 문항에 반영하기

❸ 이번에는 오답지를 만들 때 중요하게 고려되는 오개념에 어떤 것들이 있는지 확인해 보겠습니다.

You
좋습니다. 그럼 이 단원을 학습하면서 학생들이 가질 수 있는 오개념은 어떤 것이 있을지 설명해 주세요.

ChatGPT
"용해와 용액" 단원을 학습하면서 초등학생들이 가질 수 있는 몇 가지 오개념을 살펴보겠습니다. 이러한 오개념을 이해하고 명확히 하는 것은 교사가 수업을 효과적으로 진행하는 데 중요합니다:

1. **모든 고체는 물에 용해된다는 오개념**: 일부 학생들은 설탕이나 소금과 같은 일반적으로 사용하는 용질들이 물에 쉽게 용해되는 것을 보고 모든 고체가 비슷하게 물에 용해될 것이라고 생각할 수 있습니다. 실제로는 물에 용해되지 않는 많은 고체들이 존재합니다.

2. **물에 용해되면 물질이 사라진다고 생각하는 오개념**: 학생들은 때때로 용해된 물질이 눈에 보이지 않게 되면, 그 물질이 완전히 사라지거나 없어졌다고 생각할 수 있습니다. 실제로는 용질이 용매와 균일하게 혼합되어 있을 뿐입니다.

3. **물에 녹는 양이 무한하다고 생각하는 오개념**: 용해도의 개념을 처음 접하는 학생들은 특정 용질이 물에 어느 정도까지만 용해될 수 있다는 것을 이해하기 어려울 수 있습니다. 그들은 때때로 더 많은 용질을 추가하면 계속 용해될 것으로 생각할 수 있습니다.

4. **온도가 모든 용질의 용해도를 같은 방식으로 영향을 준다고 생각하는 오개념**: 온도가 용해도에 미치는 영향을 학습할 때, 학생들은 모든 용질이 온도 증가에 따라 용해도가 증가한다고 잘못 생각할 수 있습니다. 하지만 일부 물질은 온도가 증가함에 따라 용해도가 감소할 수도 있습니다.

5. **농도와 양을 혼동하는 오개념**: 농도에 대해 배울 때, 일부 학생들은 농도가 용액의 양과 관련이 있다고 잘못 생각할 수 있습니다. 그들은 용액의 총 양이 많다고 해서 농도가 높다고 착각할 수 있습니다.

이러한 오개념을 교정하기 위해 교사는 실험, 시각 자료, 그리고 학생들이 직접 탐구할 수 있는 활동을 통해 개념을 명확하게 설명하고, 학생들의 이해를 돕는 다양한 방법을 사용할 필요가 있습니다.

 기초 프롬프트 과정을 통해 챗GPT가 기존에 가지고 있던 정보를 확인하고 이를 조정한 뒤 오개념의 종류까지 확인을 마쳤다면, 그럼 이제 이 오개념들을 이용하여 평가 문항을 제작해 보도록 프롬프트를 작성해 보겠습니다. 교사가 원하는 문항의 형태나 조건을 언급할 때 챗GPT가 학생들이 헷갈릴 만한 내용을 포함하여 문항을 제작하도록 명시해 줍니다.

 **You**

좋습니다. 이번에는 지금까지 이야기한 '용해와 용액' 단원의 평가 문항을 개발하려고 합니다. 아래 조건을 만족하는 문항을 2개 만들어 주세요. :
\###
1. 초등학교의 "용해와 용액" 단원에서 다루는 핵심적인 개념들을 묻는다.
2. 5지선다 문항으로 만든다.
3. 틀린 선지는 학생들이 쉽게 가질 수 있는 오개념을 이용해서 만든다.
\###

ChatGPT

아래는 초등학교의 "용해와 용액" 단원을 평가하기 위한 두 개의 5지선다 문항입니다. 각 문항은 단원의 핵심 개념을 검토하고, 잘못된 선지는 학생들이 쉽게 가질 수 있는 오개념을 반영하도록 설계되었습니다.

문항 1
소금을 물에 넣어서 완전히 용해시켰을 때, 물에는 어떤 변화가 일어날까요?

A. 물의 양이 증가한다.
B. 물이 더 이상 투명하지 않게 된다.
C. 소금이 보이지 않게 되지만, 여전히 그 안에 존재한다.
D. 소금이 완전히 사라진다.
E. 물의 색이 바뀐다.

정답: C. 소금이 보이지 않게 되지만, 여전히 그 안에 존재한다.
오개념 선지: D (소금이 완전히 사라진다고 생각하는 오개념), A (용해되어도 물의 양이 증가한다고 생각하는 오개념)

문항 2
물의 온도를 증가시킬 때 소금의 용해도는 어떻게 변할까요?

A. 온도가 증가하면 모든 용질의 용해도가 감소한다.
B. 온도가 증가하면 소금의 용해도는 증가한다.
C. 온도에 관계없이 소금의 용해도는 항상 같다.
D. 온도가 감소하면 소금의 용해도는 증가한다.
E. 온도가 증가하면 소금이 물에 녹는 속도는 빨라지지만, 용해도는 변하지 않는다.

정답: B. 온도가 증가하면 소금의 용해도는 증가한다.
오개념 선지: A (온도가 증가하면 모든 용질의 용해도가 감소한다고 생각하는 오개념), C (온도에 관계없이 용해도가 같다고 생각하는 오개념), E (용해도와 용해 속도를 혼동하는 오개념)

이러한 문항들은 학생들이 용해와 용액에 대한 이해도를 측정하고, 흔히 발생할 수 있는 오개념을 식별하고 바로잡는 데 도움을 줄 수 있습니다.

❺ 챗GPT가 생성한 오개념 반영 문항에 대한 선지별 맞춤형 해설을 요구해 보겠습니다. 각 선지가 왜 맞고 틀렸는지에 대한 설명을 제공함으로써 학생들이 자신이 가지고 있는 오개념을 스스로 바로잡을 수 있게 하려는 목적이 있음을 언급해 줍니다.

You

어떤 학생이 이 두 개의 문항을 풀 때 틀린 선지를 골랐다면 학생에게 맞춤형 피드백을 제공해서 오개념을 바로 잡는 것이 필요합니다. 다음 조건에 따라 두 개 문항의 모든 선지 각각에 대해 맞춤형 해설을 작성해 주세요. :

###
1. 각각의 선지가 틀린 이유를 설명하고, 학생들이 가질 수 있는 오개념을 바로 잡을 수 있는 내용을 포함한다.
###

ChatGPT

아래는 각 문항의 선지에 대한 맞춤형 해설입니다. 이 해설은 각 선지가 틀린 이유를 명확하게 설명하고, 학생들이 가질 수 있는 오개념을 바로 잡는 내용을 포함하고 있습니다.

문항 1의 선지 해설

A. 물의 양이 증가한다.

- 해설: 물에 용질이 녹았다고 해서 물의 양이 증가하지는 않습니다. 용질은 용매에 분산되어 있지만, 이것이 용매의 총량을 증가시키는 것은 아닙니다. 이 선지는 물의 양과 용질이 용해되는 양을 혼동하는 오개념을 반영합니다.

B. 물이 더 이상 투명하지 않게 된다.

- 해설: 용질이 물에 완전히 용해되면, 용액은 대체로 투명하게 유지됩니다. 소금이나 설탕과 같은 일반적인 용질은 물에 녹아도 용액의 투명성을 유지합니다. 이 선지는 용해 과정이 물의 투명성에 영향을 준다는 잘못된 생각을 반영합니다.

C. 소금이 보이지 않게 되지만, 여전히 그 안에 존재한다.

- 해설: 이 선지는 정답입니다. 용해된 소금은 물에 완전히 분산되어 눈에 보이지 않지만, 여전히 용액 내에 존재합니다. 이는 용해 과정의 정확한 이해를 반영합니다.

D. 소금이 완전히 사라진다.

- 해설: 소금이 물에 녹는다고 해서 소금이 사라지는 것은 아닙니다. 소금은 물과 균일하게 혼합되어 있지만, 화학적으로 여전히 존재합니다. 이 선지는 물에 녹는 것과 사라지는 것을 혼동하는 오개념을 반영합니다.

E. 물의 색이 바뀐다.

- 해설: 일반적으로 소금이나 설탕과 같은 투명한 용질이 물에 녹아도 물의 색은 바뀌지 않습니다. 이 선지는 용질이 물에 용해될 때 물의 물리적 특성이 변한다는 잘못된 인식을 반영합니다.

문항 2의 선지 해설

A. 온도가 증가하면 모든 용질의 용해도가 감소한다.

- 해설: 일반적으로 대부분의 고체 용질은 온도가 증가함에 따라 용해도가 증가합니다. 이 선지는 온도와 용해도의 관계를 잘못 이해하고 있는 오개념을 반영합니다.

B. 온도가 증가하면 소금의 용해도는 증가한다.

- 해설: 이 선지는 정답입니다. 대부분의 소금류는 온도가 증가함에 따라 물에 용해되는 양이 증가하는 경향이 있습니다.

C. 온도에 관계없이 소금의 용해도는 항상 같다.

- 해설: 온도는 소금의 용해도에 영향을 미칩니다. 이 선지는 온도 변화가 용해도에 아무런 영향을 주지 않는다고 잘못 생각하는 오개념을 반영합니다.

D. 온도가 감소하면 소금의 용해도는 증가한다.
- 해설: 대부분의 경우, 온도가 감소하면 소금의 용해도는 감소합니다. 이 선지는 온도와
  용해도의 관계를 반대로 이해하고 있는 오개념을 반영합니다.

E. 온도가 증가하면 소금이 물에 녹는 속도는 빨라지지만, 용해도는 변하지 않는다.
- 해설: 소금의 용해도는 온도가 증가함에 따라 일반적으로 증가합니다. 이 선지는 용해
  도와 용해 속도를 혼동하는 오개념을 반영합니다.

✳ 오개념 확인할 추가문항 생성하기

❻ 한 단계 더 나아가 보겠습니다. 지금까지는 문항을 통해 학생들이 가지고 있는 오개념을 확인하고 선지별 맞춤형 해설을 제공하여 잘못된 개념 인식을 수정하도록 피드백했습니다.

이때, 틀린 선지를 고른 학생들에게 비슷한 내용을 묻는 다른 문항을 한 번 더 제공하면 어떨까요? 그러면 학생들이 해설을 통해 자신이 가지고 있던 오개념을 제대로 정정했는지 확인할 수 있겠지요. 다음과 같이 프롬프트를 작성해서 추가 문항을 만들어 보겠습니다.

You
이번에는 위의 첫 번째 문항에 대해 추가 문항을 제작하려고 합니다. 다음 조건에 따라서 만들어 주세요. :
###
1. 첫 번째 문항의 틀린 선지가 담고 있는 오개념들을 확인할 수 있는 문항 4개를 만든다.
2. 각각의 문항은 틀린 선지를 골랐던 학생들이 맞춤형 피드백을 통해 제대로 개념을 습득했는지 확인할 수 있는 내용으로 한다.
3. 문항의 형태는 5지선다로 만든다.
###

ChatGPT

아래는 첫 번째 문항의 틀린 선지를 바탕으로 한 추가 문항 4개입니다. 각 문항은 학생들이 해당 오개념을 제대로 이해하고 있는지 확인하는 데 도움이 될 수 있도록 구성되었습니다.

추가 문항 1
다음 중 물에 소금을 녹였을 때의 설명으로 올바른 것은 무엇입니까?

A. 소금이 녹으면 물의 총 부피가 증가한다.
B. 소금이 녹으면 물이 탁해진다.
C. 소금이 녹으면 물의 색이 변한다.
D. 소금이 완전히 녹아 물과 혼합되어도 물의 투명도는 유지된다.
E. 소금이 녹으면 물이 증발한다.

추가 문항 2
물에 녹은 소금은 어떻게 되는가?

A. 물에 완전히 흡수되어 사라진다.
B. 화학적으로 물과 반응하여 새로운 물질이 된다.
C. 물에 녹아도 소금은 물 속에 작은 입자로 남아 있으며 눈에 보이지 않는다.
D. 소금은 물 속에서 결정형태로 남아 있다.
E. 물에 녹은 소금은 모래처럼 바닥에 가라앉는다.

추가 문항 3
다음 중 물에 소금을 녹인 후 물의 색이 변하는 이유로 올바른 것은?

A. 소금이 물과 반응해 색이 변한다.
B. 소금이 물을 오염시켜 색이 변한다.
C. 물에 소금을 녹여도 물의 색은 변하지 않는다.
D. 소금이 물에 녹으면 항상 물의 색을 진하게 만든다.
E. 소금이 녹으면 항상 물이 노랗게 변한다.

추가 문항 4
물에 용해된 소금에 대한 설명으로 올바르지 않은 것은 무엇입니까?

A. 물에 용해된 소금은 여전히 화학적 성분을 유지한다.
B. 물에 녹은 소금은 물의 화학적 구조를 변경한다.

C. 물에 녹은 소금은 눈에 보이지 않는다.

D. 소금이 녹으면 물과 완벽하게 혼합된다.

E. 물에 용해된 소금은 물의 물리적 성질을 변화시킬 수 있다.

각 문항의 정답은 D, C, C, B입니다. 이 문항들은 각각의 오개념을 명확히 이해하고 있는지 평가하기 위해 설계되었습니다.

 **You**

새롭게 만든 4개 문항에 대해서도 선지별 어떤 오개념이 포함되어 있는지, 올바른 개념은 무엇인지에 대한 간단한 해설을 작성해 주세요.

 **ChatGPT**

아래는 새롭게 만든 4개 문항의 선지별 오개념과 올바른 개념에 대한 해설입니다. 이 해설은 각 선지가 표현하는 오개념을 명확하게 지적하고, 올바른 개념을 설명합니다.

추가 문항 1의 선지 해설

A. 소금이 녹으면 물의 총 부피가 증가한다.

- 오개념: 용해된 소금이 물의 부피를 증가시킨다는 잘못된 생각입니다. 실제로는 소금의 분자가 물 분자 사이에 자리 잡으며, 부피 증가는 미미하거나 측정하기 어렵습니다.

B. 소금이 녹으면 물이 탁해진다.

- 오개념: 소금이 완전히 용해되면 물은 여전히 투명하게 유지됩니다. 탁해짐은 용해되지 않은 물질이나 불순물에 의해 발생합니다.

C. 소금이 녹으면 물의 색이 변한다.

- 오개념: 일반적으로 소금과 같은 무색 용질이 물에 용해될 때 물의 색은 변하지 않습니다.

D. 소금이 완전히 녹아 물과 혼합되어도 물의 투명도는 유지된다.

- 올바른 개념: 이것이 정답입니다. 소금이 완전히 용해되면 물과 완전히 혼합되어도 투명도는 유지됩니다.

E. 소금이 녹으면 물이 증발한다.

- 오개념: 소금이 물에 용해되는 것과 물이 증발하는 것은 서로 관련이 없습니다. 이는 서로 독립적인 물리적 과정입니다.

추가 문항 2의 선지 해설

A. 물에 완전히 흡수되어 사라진다.

- 오개념: 소금이 물에 용해되어도 여전히 존재하며, 분자 단위에서 물과 혼합됩니다.

B. 화학적으로 물과 반응하여 새로운 물질이 된다.

- 오개념: 소금이 물에 용해되는 것은 물리적 변화이며, 화학적 반응을 일으키지 않습니다.

C. 물에 녹아도 소금은 물 속에 작은 입자로 남아 있으며 눈에 보이지 않는다.

- 올바른 개념: 이것이 정답입니다. 소금은 물에 녹아 분자 단위로 존재하며 눈에는 보이지 않습니다.

D. 소금은 물 속에서 결정형태로 남아 있다.

- 오개념: 용해된 소금은 결정 형태를 유지하지 않고, 분자가 개별적으로 물 속에 분산됩니다.

E. 물에 녹은 소금은 모래처럼 바닥에 가라앉는다.

- 오개념: 용해된 소금은 물 속에서 균일하게 분산되며, 가라앉지 않습니다.

추가 문항 3의 선지 해설

A. 소금이 물과 반응해 색이 변한다.

- 오개념: 소금과 물의 용해는 화학적 반응이 아니며 색 변화를 일으키지 않습니다.

B. 소금이 물을 오염시켜 색이 변한다.

- 오개념: 소금은 물을 '오염시키지' 않으며, 용해된 후에도 물의 색은 일반적으로 변하지 않습니다.

C. 물에 소금을 녹여도 물의 색은 변하지 않는다.

- 올바른 개념: 이것이 정답입니다. 소금과 같은 무색의 용질은 용해될 때 물의 색을 변화시키지 않습니다.

D. 소금이 물에 녹으면 항상 물의 색을 진하게 만든다.

- 오개념: 소금이 물에 용해되어도 물의 색은 변하지 않으며, 더 진하게 만들지 않습니다.

E. 소금이 녹으면 항상 물이 노랗게 변한다.

- 오개념: 소금의 용해가 물의 색을 변화시킨다는 잘못된 생각입니다. 물은 무색 투명을 유지합니다.

추가 문항 4의 선지 해설

A. 물에 용해된 소금은 여전히 화학적 성분을 유지한다.

- 올바른 개념: 소금은 용해되어도 화학적 성분이 변하지 않습니다.

B. 물에 녹은 소금은 물의 화학적 구조를 변경한다.

- 오개념: 소금이 물에 용해되어도 물의 화학적 구조를 변경하지 않습니다. 이는 물리적 변화입니다.

C. 물에 녹은 소금은 눈에 보이지 않는다.

- 올바른 개념: 용해된 소금은 눈에 보이지 않으며, 물과 완전히 혼합됩니다.

D. 소금이 녹으면 물과 완벽하게 혼합된다.

- 올바른 개념: 소금이 물에 용해되면 균일한 용액을 형성합니다.

E. 물에 용해된 소금은 물의 물리적 성질을 변화시킬 수 있다.

- 올바른 개념: 소금이 용해되면 물의 끓는 점과 어는 점 등 일부 물리적 성질이 변할 수 있습니다.

이 해설들은 학생들이 오개념을 인식하고 올바른 개념을 습득하는 데 도움을 줄 수 있도록 설계되었습니다.

과학과를 예로 들어 지금까지 챗GPT를 이용한 맞춤형 해설 생성 과정을 살펴보았습니다. 학생이 가질 수 있는 오개념으로부터 거꾸로 선지를 설계하는 백워드 방식의 프롬프트 작성에 있어서 핵심사항 3가지는 다음과 같습니다.

① 문항 생성을 지시하기 전, 기초 프롬프트 기법을 이용해 사용자와 챗GPT가 생각하는 단원 내용의 수준과 범주를 일치시킨다. 이때 단원 소제목이나 차시 주제 등을 활용할 수 있다.

② 이 단원 내용과 관련된 오개념에 어떤 것이 있는지를 챗GPT에 묻고 대답을 확인한 뒤 이 오개념을 반영해 선지를 생성하도록 지시하고, 해설이 선지별로 제시되도록 지시한다.

③ 해설을 통해 학생이 스스로 수정했을 오개념을 확인하는 데 사용하기 위한 문항을 추가 생성해 활용한다.

학습 과정에서 오개념을 확인하여 빠르게 바로잡는 것은 이후의 학습에 중요합니다. 선다형 문항의 각 선지에 오개념을 포함시키고 응답을 확인하여 학생이 가지고 있는 오개념을 간단하게 유추하고 이에 알맞게 해설을 제공하면 개별 맞춤형 학습에 보다 가까이 다가갈 수 있습니다.

4장

과목별 문항 개발법

챗GPT 4 기반

- ☑ 국어, 영어
- ☑ 수학
- ☑ 사회, 과학

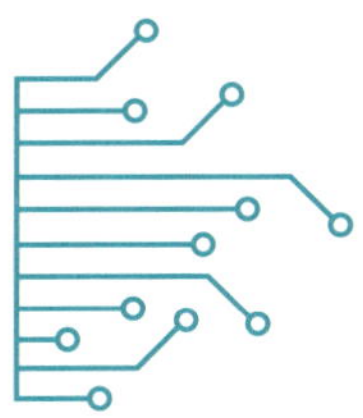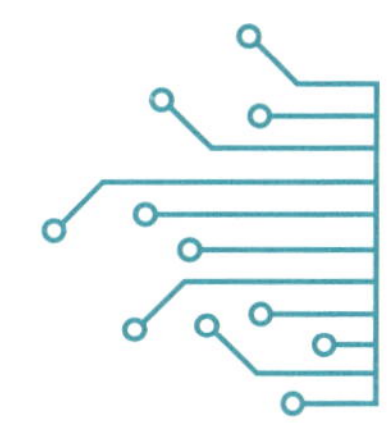

국어, 영어

기존 지문 활용하기
디지털 텍스트 활용하기
오디오 활용하기

국어과와 영어과 문항은 지문(텍스트)을 중심에 두고 선지의 정오를 판별하는 읽기 문항의 비중이 높습니다. 이 유형의 문항 개발은 평가 목적에 알맞은 지문을 생성하고 읽기 평가의 요소에 따라 선지를 생성해 내는 것이 핵심입니다. 따라서 두 과목은 각기 다른 교과임에도 불구하고 서로의 문항 개발 방법을 서로 참고하면 좋습니다.

여기에서는 출제자가 원하는 조건을 모두 만족하는 텍스트 기반 문항을 챗GPT가 보다 정밀하게 생성하도록 하는 프롬프트 작성법을 설명합니다. 다양한 조건을 반영한 문항과 지문(텍스트)을 생성하도록 해 주는 프롬프트 작성법, 매력적인 오답 선지를 생성하도록 해 주는 프롬프트 작성법을 알아봅시다.

또한 확장된 지문으로서 멀티미디어 기반(복합 양식) 디지털 텍스트 활용 문항을 생성하는 방법과 TTS를 활용한 듣기평가 문항 개발법도 알아보겠습니다.

국어과 및 영어과 읽기 영역의 평가에서 가장 많이 사용되는 문항 유형은 질문, 지문(텍스트), 선지로 구성되어 있습니다.

현재 국어과 교육과정에서 읽기 영역의 평가는 대체로 사실적 읽기와 추론적 읽기 기능skill을 평가합니다. 사실적 읽기의 경우 '중심 생각 파악', '주장이나 주제 파악', '세부 내용 파악(근거 파악)' 등의 대표적인 평가 요소가 있습니다.

질문

질문은 평가 요소별로 몇 가지 유형의 표현이 보편적으로 사용되는 편입니다. 사실적 읽기 기능 가운데 논설문의 '주장 파악'을 묻는 질문으로는 '글쓴이의 주장으로 적절한 것은?'과 같은 질문이 일반적으로 사용됩니다.

지문

지문은 문항의 타당도와 난이도에 직접적으로 영향을 미칩니다. 예를 들어 설명문의 경우 특정 개념, 소재, 원리 등이 지문에 제시되어야 하고, 논설문의 경우 문제 상황이나 논제에 대한 주장과 근거가 제시되어야 합니다. 그리고 읽기 문항의 난이도에 영향을 미치는 요인으로는 지문의 제재, 주제, 내용, 내용 구조, 문장, 어휘, 정보량 등이 있습니다. 이러한 점을 고려하여 교사는 교과서 등의 자료에서 텍스트를 발췌하거나 새로운 글을 찾아서 지문으로 활용합니다.

선지

선지의 경우 정답을 제외한 오답지distractor의 매력도attractiveness가 문항의 변별도를 좌우합니다. 오답지가 정답과 동떨어져 학생들이 쉽게 정답을 찾을 수 있게 된다면 문항이 학습자의 성취도를 세분화하여 변별하지 못하고 나아가 문항의 타당도에도 부정적인 영향을 미칠 수 있습니다. 따라서 읽기 문항의 오답지는 지문의 내용을 근거로 하되 문항에서 요구하는 바를 잘못 이해한 내용으로 구성하는 것이 바람직합니다. 아래에서 살펴볼 문항의 경우 글쓴이의 주장을 뒷받침하는 하위 근거나 세부 내용을 오답지로 구성할 수 있습니다.

>> 기존 지문 변형하기

❶ 기준 문항 선정하기

문항을 개발하는 데 활용할 기준 문항을 한두 개 선정합니다. 난이도나 제재, 수준 등이 출제하고자 하는 문항과 일치할 필요는 없습니다. 일종의 기준처럼 활용할 수 있으면 됩니다. 선정한 기준 문항을 챗GPT에 제공한 뒤 챗GPT가 '이보다 어렵게', '이것과 유사하게', '이것에서 화제만 바꿔서' 질문, 지문, 선지를 구성하도록 지시를 더할 예정이기 때문입니다.

❷ 기준 문항에 변형 요구 더하기

챗GPT가 기준 문항의 질문, 지문, 선지의 구성 요소를 고려하여 문항을 생성하도록 원하는 조건을 프롬프트로 제시합니다. 여기서는 중1 국어 진단평가 읽기 문항을 기준 문항으로 활용하여 문항을 생성해 보겠습니다.

You

###
[기준 문항]
다음 글을 읽고 물음에 답하시오.

우리나라뿐만 아니라 세계 곳곳에서 벌어지는 자연 개발은 우리의 삶을 위협한다. 이러한 무분별한 개발로 우리 삶의 터전인 자연은 몸살을 앓고 있다. 우리는 자연의 목소리에 귀를 기울이고 자연을 보호해야 한다. 왜 자연을 보호해야 할까?
첫째, 자연은 한번 파괴되면 복원되기가 어렵다. 환경이 오염되는 것은 순식간이지만 오염된 환경을 되살리는 데는 수십, 수백 배의 시간과 노력이 든다.
둘째, 무리한 자연 개발은 생태계를 파괴한다. 생물은 서로 유기적인 생태계로 얽혀 있으며 주변 환경과 영향을 주고받으면서 살아간다. 자연 개발로 생태계를 파괴하면 결국 사람의 생활 환경을 악화시키는 결과를 초래한다.
셋째, 자연은 우리 후손이 살아갈 삶의 터전이다. 당장의 편리와 이익만을 추구하다 보면 우리 후손에게 훼손된 자연을 물려주게 된다.
더 이상 무분별한 개발로 금수강산을 훼손해서는 안 된다. 지나친 개발 때문에 나타나는 지구 온난화와 이상 기후 현상이 더 심해지지 않도록 노력하는 일은 우리 모두에게 남겨진 과제이다.

Q1. 글쓴이의 주장으로 적절한 것은?
① 기후 변화에 적응해야 한다.
② 자연 개발 기술을 연구하자.
③ 자연 자원을 적극적으로 이용하자.
④ 자연 보호는 우리가 꼭 해야 할 일이다.
⑤ 자연이 스스로 깨끗해질 때까지 기다리자.
###

당신은 [한국어] 읽기 영역의 문항 개발자입니다. 위 [기준 문항]을 참조하여 다음 조건에 따라 문항을 생성해 주세요:

목적: 주장 파악
문항 유형: 선다형(5개 선지)
주제: 환경
지문 유형: 논설문
지문 길이: 띄어쓰기 포함 500 글자, 4문단 또는 5문단
질문: 글쓴이의 주장으로 적절한 것은?.
선지(선택지): 5개의 선지 생성, 하나는 정답이고 나머지 네 선지는 오답

 **ChatGPT**

지문:

세계는 환경 문제에 직면해 있다. 많은 나라들이 환경 보호를 위한 노력을 하고 있지만, 아직도 많은 곳에서 환경 파괴가 계속되고 있다. 환경 파괴는 단순히 자연만의 문제가 아니다. 우리의 생활 환경, 건강, 그리고 미래에까지 영향을 미친다. 따라서 환경 보호는 당연히 해야 할 일이며, 이를 위한 노력은 지금 당장 시작되어야 한다.

첫째, 환경 오염은 우리의 건강을 직접적으로 해친다. 공기와 물의 오염은 호흡기 질환과 암 등의 질병을 유발한다.

둘째, 환경 파괴는 생태계 균형을 깨뜨린다. 이로 인해 일부 동식물이 멸종 위기에 처하게 되며, 이는 생태계 전체의 불균형을 초래한다.

셋째, 환경 보호는 우리 후손의 미래를 위한 것이다. 오늘 우리가 보호하지 않는 환경은 내일 우리 자손의 생존을 위협할 것이다.

마지막으로, 환경 보호는 경제적 이익을 가져올 수 있다. 깨끗한 환경은 관광 산업의 발전을 도모하며, 지속 가능한 발전을 위한 기반을 제공한다.

질문: 글쓴이의 주장으로 적절한 것은?

선지:

① 환경 보호는 별로 중요하지 않다.

② 환경 파괴는 단기적인 문제이다.

③ 환경 보호는 당연히 해야 할 일이다.

④ 환경 문제는 다른 나라의 문제다.

⑤ 환경 보호는 경제에 악영향을 준다.

정답 선지: ③ 환경 보호는 당연히 해야 할 일이다.

해설: 지문에서 "환경 보호는 당연히 해야 할 일이며, 이를 위한 노력은 지금 당장 시작되어야 한다."라는 문장을 통해 글쓴이의 주장이 환경 보호의 중요성과 그것이 당연히 해야 할 일임을 강조하고 있다.

생성된 문항을 살펴보면 지문의 구조, 길이 등이 기준 문항과 유사합니다. 이처럼 하나의 기준 문항을 제시하는 방식으로, 즉 '원샷one shot'으로 참고 문항을 제시한 뒤 이를 기준으로 내가 원하는 조건을 적절히 제시하면 내가 원하는 것과 유사한 새 문항이 생성됩니다.

다만 여기서 문항 생성을 마치고 최종검토에 들어가기에는 꽤 아쉽습니다. 정답 선지와 1번 선지의 매력도가 떨어지는 것이 눈에 띄기 때문입니다.

❸ 오답지 매력도 한 번 더 높이기

문항의 변별도, 난이도와 직접적으로 관련된 요소는 오답지의 매력도 attractiveness입니다. '매력적인 오답'이란 성취 수준에 도달한 학생들은 선택하지 않지만 성취 수준에 도달하지 못한 학생들로 하여금 선택을 유도하는 선지를 말합니다. 다시 말해 매력적인 오답은 그럴듯하여서 학생들의 주의를 분산시키고 잘못된 그 선지를 선택하게 만듭니다. 이런 매력적 오답을 문항 안에 넣을 수 있다는 점은 선다형 문항 유형의 고유한 장점입니다. 잘 만든 오답으로 문항의 타당도와 변별도를 높일 수 있습니다.

교과에 따라 매력적인 오답을 만드는 방법은 다를 수 있습니다. 국어와 영어 같은 언어 교과에서는 주제 파악, 세부 내용 파악, 글 구조 및 전개방식 파악 등 평가 요소에 따라 선지의 설계가 달라지므로 이에 따라 매력적인 오답의 설계 방법도 달라질 수 있습니다.

예를 들어, 앞서 챗GPT가 생성한 문항처럼 '주장 파악'을 평가 요소로 하는 문항의 경우, 다음과 같은 내용을 바탕으로 매력적인 오답 선지들을 설계할 수 있습니다. 이를 챗GPT에게 프롬프트로 제공한 뒤 이를 참고해 현재의 오답 선지들을 보다 매력적으로 수정해 줄 것을 요구하면 됩니다.

You

###
[지문]
세계는 환경 문제에 직면해 있다. 많은 나라들이 환경 보호를 위한 노력을 하고 있지만, 아직도 많은 곳에서 환경 파괴가 계속되고 있다. 환경 파괴는 단순히 자연만의 문제가 아니다. 우리의 생활 환경, 건강, 그리고 미래에까지 영향을 미친다. 따라서 환경 보호는 당연히 해야 할 일이며, 이를 위한 노력은 지금 당장 시작되어야 한다.
첫째, 환경 오염은 우리의 건강을 직접적으로 해친다. 공기와 물의 오염은 호흡기 질환과 암 등의 질병을 유발한다.
둘째, 환경 파괴는 생태계 균형을 깨뜨린다. 이로 인해 일부 동식물이 멸종 위기에 처하게 되며, 이는 생태계 전체의 불균형을 초래한다.
셋째, 환경 보호는 우리 후손의 미래를 위한 것이다. 오늘 우리가 보호하지 않는 환경은 내일 우리 자손의 생존을 위협할 것이다.
마지막으로, 환경 보호는 경제적 이익을 가져올 수 있다. 깨끗한 환경은 관광 산업의 발전을 도모하며, 지속 가능한 발전을 위한 기반을 제공한다.
###

당신은 한국어 읽기 평가 문항 개발자입니다. 위의 [지문]에 대해 '주장 파악' 문항을 생성해 주세요. 다음 조건을 참조하여 '매력적인 오답(attractive distractor)'을 생성해 주세요. 생성한 선지는 문장 길이에 따라 오름차순(ascending order)으로 정렬해 주세요. :
[조건]
• 흔한 오류
  - 문제 제기를 주장으로 착각하는 경우
  - 이유(reason)를 주장(claim)으로 착각하는 경우
  - 근거(evidence)를 주장(claim)으로 착각하는 경우
  - 지문에 자주 나타난 단어 또는 어구를 주장의 핵심 정보로 착각하는 경우
• 관련성: 지문의 내용과 관련되어 있으나 주장과 어긋남
• 정답과의 유사성: 정답의 내용, 문장 구조, 길이가 유사함
• 잘못된 배경지식: 지문의 주제나 주장에 대한 잘못된 배경지식을 가짐
• 부분적인 정보: 지문의 부분적인 정보가 오답 선지에 포함됨

 **ChatGPT**

문두: 글쓴이의 주장으로 가장 적절한 것은?

선지:
① 환경 오염은 호흡기 질환과 암을 유발한다.
② 환경 보호는 경제적 이익을 가져올 수 있다.
③ 환경 파괴는 단순히 자연만의 문제가 아니다.
④ 많은 나라들이 환경 보호를 위한 노력을 하고 있다.
⑤ 환경 보호를 위한 노력은 지금 당장 시작되어야 한다.

정답 선지: ⑤ 환경 보호를 위한 노력은 지금 당장 시작되어야 한다.

해설:
①은 지문에서 제시된 근거 중 하나입니다.
②는 지문에서 제시된 이유 중 하나입니다.
③는 지문의 부분적인 정보로, 주장의 일부분을 나타냅니다.
④는 지문에서 제기된 문제 상황 중 하나입니다.
⑤는 지문의 핵심 내용을 바탕으로 한 주장입니다.

프롬프트에 제시한 매력적인 오답의 조건을 고려하여 챗GPT가 선지를 생성한 것을 확인할 수 있습니다. 최초의 선지와 매력적인 오답의 조건을 반영

하여 생성한 선지와 최초의 선지를 비교해 보면 선지의 매력도가 크게 개선되었다는 점이 와닿으실 겁니다.

전	후
① 환경 보호는 별로 중요하지 않다.	① 환경 오염은 호흡기 질환과 암을 유발한다.
② 환경 파괴는 단기적인 문제이다.	② 환경 보호는 경제적 이익을 가져올 수 있다.
③ 환경 보호는 당연히 해야 할 일이다.	③ 환경 파괴는 단순히 자연만의 문제가 아니다.
④ 환경 문제는 다른 나라의 문제다.	④ 많은 나라들이 환경 보호를 위한 노력을 하고 있다.
⑤ 환경 보호는 경제에 악영향을 준다.	⑤ 환경 보호를 위한 노력은 지금 당장 시작되어야 한다.

이렇게 각 선지의 생성 근거, 즉 선지 모형distractor model을 활용하여 체계적으로 선지를 생성하는 방식은 문항의 질을 크게 높일 수 있는 주효한 방법 중 하나입니다.

선지 모형을 고려하는 것은 선다형 문항의 개발에서 중요한 함의를 가지고 있습니다. 학생들이 문항이 요구하는 학습 요소에 대해 가지는 오류나 잘못된 접근 방식을 모형화하여 문항을 설계하면 이를 토대로 변별력 높은 선다형 문항을 제작할 수 있고, 이에 응답한 학생들의 학습 프로파일을 보다 더 정확하게 파악할 수 있으며, 나아가 학생의 학습 중 발생한 오류에 대해 보다 정확한 피드백을 제공할 수 있습니다. 이는 학습을 위한 평가assessment for learning로 나아가는 중요한 토대가 됩니다.

>> 새 지문 만들기

교과서나 기출 문제에 쓰인 지문 외에 적절한 새 지문을 찾거나 지문을 직접 개발하는 일은 쉽지 않습니다. 하지만 대규모 텍스트 데이터를 학습하고 이를 바탕으로 텍스트를 생성해 내는 챗GPT를 활용하면 평가에 알맞은 새 지문을 손쉽게 만들 수 있습니다.

이를 위해 우선 텍스트의 난이도에 영향을 미치는 요인에 대해 알아봅시다. 요인별 조건을 챗GPT에게 제시하고 생성된 텍스트를 요인 기준으로 수정하도록 추가 요청할 수 있습니다.

텍스트 난이도에 영향을 미치는 요인들

- 주제: 주제의 친숙도, 추상성, 복잡성에 따라 텍스트 난이도에 영향을 미칩니다.
- 내용의 깊이와 복잡성Depth Of Knowledge, DOK: 텍스트에서 다루고 있는 내용이나 개념 등의 지식의 구조가 단순하고 기본적이며 사실 위주일 경우 텍스트의 난이도가 낮고, 지식의 구조가 복잡하고 깊이가 있으며 사실과 의견이 혼재되어 있을 경우 텍스트의 난이도가 높습니다.
- 어휘: 특정 학년 또는 학교급 수준에 적합한 어휘군이 있으며, 이 수준보다 낮은 어휘군의 경우 난이도가 낮고, 수준이 높은 어휘군의 경우 난이도가 높습니다. 또한 어휘가 가진 의미역의 복잡성이나 다양성이 텍스트 난이도에 영향을 미칩니다.
- 문장 구조: 문장 구조가 단순하고 수식어가 적으며 홑문장일수록 텍스트의 난이도가 낮고, 문장 구조가 복합적이고 수식어가 많으며 겹문장일수록 텍스트의 난이도가 높습니다.
- 인지 부하: 텍스트의 독해에 분석, 추론, 비판적 사고가 요구될수록 인지 부하가 높아져 텍스트의 난이도가 상승합니다. 또한 텍스트의 어휘 및 문장 수가 증가할수록 정보량이 많아져 인지 부하가 커지므로 텍스트의 난이도를 높일 수 있습니다.

텍스트 내용 전개 방식

기술description, 수집collection, 비교·대조compare & contrast, 문제해결problem solution, 순서sequence, 인과 cause & effect 등

'주제'와 '내용의 깊이와 복잡성'은 텍스트의 내용과 관련되어 있고, '문장 구조'의 경우 텍스트의 형식과 관련되어 있습니다. '어휘'는 텍스트의 내용 및 형식적 측면 모두에 걸쳐 있습니다. 이를테면 형식적 측면에서 동일한 개념을 쉬운 어휘로 나타낼 수 있고 낯설고 어려운 어휘로 나타낼 수 있습니다. 또한

어휘는 내용(의미)의 기본 단위이므로 어휘가 가진 의미역의 넓이와 깊이는 내용적 측면과 관련되어 있습니다.

'인지 부하'는 독자, 즉 학습자 측면의 요인입니다. 독해 기능의 수준은 사실, 추론, 비판 순으로 높아지는데 추론과 비판적 사고를 요구하는 텍스트일수록 인지 부하가 높아져 텍스트를 어렵게 느끼게 됩니다. 그리고 텍스트의 정보량이 많을수록 인지 부하의 상승 요인이 되어 텍스트의 난이도를 높입니다.

한편 텍스트 내용의 구조 즉 전개 방식도 텍스트의 특징을 이룹니다. 명문의 경우 기술description, 수집collection, 비교·대조compare/contrast, 문제해결problem solution, 순서sequence, 인과cause/effect 등으로 내용 구조를 나눌 수 있습니다.*

❶ 기준 지문 선정하기

새 지문을 생성할 때 챗GPT가 활용할 기준 지문을 선정합니다. 기준 지문은 표준화 검사(국가 수준 진단평가, 학업 성취도 평가 등)를 사용하거나, 교과서의 지문을 평가 관습에 맞게 적정 길이로 수정하여 사용할 수 있습니다.

이 지문을 기준으로 '주제를 유지하되 난이도를 높게' 하거나, '소재와 난이도는 유지하되 텍스트 구조를 다르게' 등의 요구를 프롬프트의 조건으로 제

---

* 참고: Text Structures https://quizlet.com/346793148/text-structures-diagram

시하여 원하는 지문을 생성할 것입니다.

❷ 기준 지문에 변형 요구 더하기

여기에서는 텍스트의 난이도에 영향을 미치는 요인을 활용하여 기준 지문의 난이도를 조정해 보겠습니다. 특히 텍스트 생성 조건을 제시한 후 챗GPT가 생성한 텍스트의 난이도를 스스로 평가하도록 하는 점검 절차를 추가함으로써 사용자가 원하는 난이도에 부합하는 텍스트가 생성될 가능을 높일 수 있습니다.

아래 예시에서는 기준 지문에서 난이도를 조절하여 새 지문을 만들고 이를 검증하도록 하는 프롬프트를 몇 개의 절차로 제시했습니다.

>> 기준 지문 난이도 조절하여 새 지문 만들기

① 먼저 텍스트 난이도에 영향을 미치는 요인을 제시하고 이를 인식하도록 요구합니다.

② 다음으로 원샷one shot으로 제시한 하나의 기준 지문을 난이도 영향 요인에 따라 분석하도록 합니다.

③ 이후 지문의 글자 수와 문단 수를 유지하고, 난이도를 상 수준으로 조정한 텍스트를 생성하도록 요구합니다.

④ 마지막으로 생성된 텍스트의 난이도를 평가하여 난이도에 맞게 조정되었는지 확인하도록 합니다.

 **You**

###

[지문]

입맛은 사람마다 다르지만 대부분 달고 기름진 음식을 맛있다고 느낀다. 그런데 이런 음식들은 열량이 높아서 너무 많이 먹으면 건강에 좋지 않다. 사람들은 왜 몸에 나쁜 음식을 좋아할까?

자동차가 기름이 있어야 움직일 수 있는 것처럼 인간도 에너지를 내는 데 필요한 열량이 있어야 살아갈 수 있다. 열량은 주로 당분과 지방에서 얻을 수 있다.

하지만 과거에는 당분과 지방을 충분히 섭취할 수 없었다. 자연 속에서 얻을 수 있는 음식은 대부분 열매나 뿌리뿐이었고, 운 좋게 사냥을 통해 고기를 구했다 해도 얻을 수 있는 열량은 부족했다.

그래서 사람의 몸은 열량이 많은 음식을 좋아하는 구조로 진화했다. 우리 몸은 열량이 많은 달고 기름진 음식을 먹으면 '기분 좋다'고 느끼도록 호르몬을 분비한다. 그렇기 때문에 우울할 때 그런 음식을 먹으면 기분이 나아지는 것이다.

하지만 문제는 고열량 음식이 넘쳐나는 현대에도 우리 몸이 단 음식과 지방을 좋아하는 몸에서 바뀌지 못했다는 데 있다. 이러한 고열량 음식의 잦은 섭취는 비만과 성인병의 주범이 되고 있다.

###

당신은 한국어 읽기 평가 문항 개발자입니다. 중학교 2학년(14세) 수준인 위의 [지문]에 대해 다음 절차에 따라 새로운 지문을 생성해 주세요:

1. 텍스트 난이도에 영향을 미치는 요인을 인식합니다:
– 주제: 주제의 친숙도가 낮고, 추상성과 복잡성이 높을수록 텍스트 난이도가 상승함.
– 내용의 깊이와 복잡성(Depth Of Knowledge, DOK): 지식의 구조가 복잡하고, 깊이가 있으며, 사실과 의견이 혼재되면 텍스트 난이도가 상승함.
– 어휘: 어휘의 의미가 복잡하고 다양한 의미를 가지고 있으며, 제시된 학년보다 높은 학년 수준의 어휘군이면 텍스트 난이도가 상승함.
– 문장 구조: 문장 구조가 복합적이고 수식어가 많으며 겹문장일수록 텍스트의 난이도가 상승함.
– 인지 부하: 텍스트의 독해에 분석, 추론, 비판적 사고가 요구되고, 텍스트의 어휘 및 문장 수가 증가할수록 텍스트의 난이도가 상승함.
2. 1에 따라 텍스트를 분석하고 텍스트의 현재 난이도를 판단합니다.
3. 1을 기준으로 지문의 글자수와 문단 수를 그대로 유지하면서, 난이도를 상 수준으로 조정한 새로운 텍스트를 생성합니다.
4. 난이도 조정 후 텍스트를 다시 평가하여 원하는 난이도에 맞게 조정되었는지 확인합니다.

❸ 생성된 지문에 추가 변형 필요 없는지 확인하기

2에서 요구한 네 단계 절차에 맞춰 챗GPT는 다음의 텍스트를 생성했습니다.

 **ChatGPT**

1. **텍스트 난이도에 영향을 미치는 요인 인식**
– 주제: 현대인의 식습관과 인체의 진화적 특성
– 내용의 깊이와 복잡성(DOK): 인간의 진화적 특성과 현대의 식습관에 대한 설명
– 어휘: 중학교 2학년 수준에 적합
– 문장 구조: 복합적인 문장 구조가 일부 포함되어 있음.
– 인지 부하: 일반적인 지식을 바탕으로 한 설명이 주를 이룸.

2. **텍스트 분석 및 현재 난이도 판단**
– 현재 지문은 중학교 2학년 수준에 적합한 난이도를 가지고 있습니다.

3. **난이도 상 수준으로 조정한 새로운 텍스트 생성**
[지문]
식생활의 패턴은 문화와 시대에 따라 변화한다. 그러나 인간의 유전적 특성은 단기간에 크게 변화하지 않는다. 이 두 가지 사실이 현대인의 건강 문제를 야기하는 주요 원인 중 하나로 지목되고 있다.
첫째, 고대 인류는 생존을 위해 높은 에너지 밀도를 가진 음식을 선호하는 유전적 경향을 갖게 되었다. 이는 당시의 식량 부족한 환경에서 생존하기 위한 필수적인 선택이었다.
둘째, 21세기의 현대 사회에서는 고열량 음식이 쉽게 접근 가능하다. 그럼에도 불구하고 우리의 유전적 특성은 고대의 조상들과 크게 다르지 않다. 이로 인해 고열량 음식 섭취와 관련된 건강 문제가 대두되고 있다.
결론적으로, 인간의 유전적 특성과 현대의 식생활 패턴 사이의 괴리는 다양한 건강 문제의 원인이 되고 있다. 이 문제를 해결하기 위해서는 유전적 특성과 환경적 요인 사이의 균형을 찾아야 한다.

4. **난이도 조정 후 텍스트 평가**
– 주제: 인간의 유전적 특성과 현대의 식생활 패턴의 괴리
– 내용의 깊이와 복잡성(DOK): 인간의 유전적 특성과 현대의 식생활 패턴에 대한 깊은 분석
– 어휘: 중학교 2학년보다 높은 수준의 어휘 사용
– 문장 구조: 복잡한 문장 구조와 수식어 사용
– 인지 부하: 텍스트 독해에 복잡한 분석과 추론이 필요

위의 새로운 지문은 원래의 지문보다 난이도가 상승하였습니다. 주제의 복잡성, 어휘의 난이도, 문장 구조의 복잡성 등 여러 요인을 고려하여 난이도를 조정하였습니다.

생성된 텍스트를 살펴보면 프롬프트에서 제시한 절차에 따라 지문의 난이도를 분석하고, 난이도 영향 요인에 따라 새로운 지문을 생성한 뒤, 해당 지문의 난이도를 평가하였습니다.

이 방식으로 기준 지문에 챗GPT가 수정을 가해 만든 새 지문은 유사한 주제 범위 내에서 어휘, 문장 구조, 지시 표현 등 여러 부분에서 조정이 되었음을 확인할 수 있습니다. 만약 생성된 지문에 수정이 필요해 보이면 추가 수정 요청을 몇 차례 더하여 사용자가 원하는 내용와 수준에 맞는 지문을 생성할 수 있습니다. 이처럼 챗GPT를 활용해 텍스트의 난이도를 조정하면 학생의 성취 수준에 적합한 지문을 포함한 읽기 과제를 피드백으로 제공하기 용이합니다.

다만 유의할 것은 챗GPT의 분석이나 평가가 실제 텍스트 난이도와 직결되지 않을 수 있다는 점입니다. 본질적으로 텍스트 난이도는 피험자인 학생들이 인식하는 영역이고 그 요인 또한 다양하기 때문에 교사가 수업과 평가에 실제로 지문을 활용하면서 학생들이 인식하는 텍스트의 난이도를 확인할 필요가 있습니다. 또한 어휘 수준의 경우, 챗GPT가 분석한 어휘 수준은 우리의 언어 현실과 차이가 있을 수 있으므로 이를 고려하여 챗GPT가 생성 및 조정해 준 지문의 난이도를 점검하고 조정한 뒤 평가에 활용해야 합니다.

☀ 디지털 텍스트 활용하기
: PDF 속 정보를 웹페이지 형식으로 구현하기

    디지털 형태의 정보가 일상의 다양한 분야에서 활용되고 있으며, 특히 우리는 웹을 통해 수많은 정보를 접하고 있습니다. 이러한 디지털 사회로의 변화에 발맞춰 언어 평가에서도 디지털 리터러시digital literacy를 교육 내용으로 설정하고, 이를 평가하려는 움직임이 계속되고 있습니다.

    대표적인 것이 PISA(국제학업성취도평가) 2018의 읽기 평가입니다. PISA는 디지털 환경에 부합하는 새로운 읽기 평가 문항을 제시했는데, 다중 텍스트multiple text와 디지털 환경의 형식format을 텍스트에 포함하였습니다. 또한 광고, 카탈로그, 웹사이트의 다양한 텍스트 등 다양한 실제 텍스트를 비연속 텍스트non-continuous text로 설정하여 디지털 텍스트를 읽기 평가의 영역에 포함하였습니다. 이를 바탕으로 한 문항*을 살펴보면 아래와 같습니다.

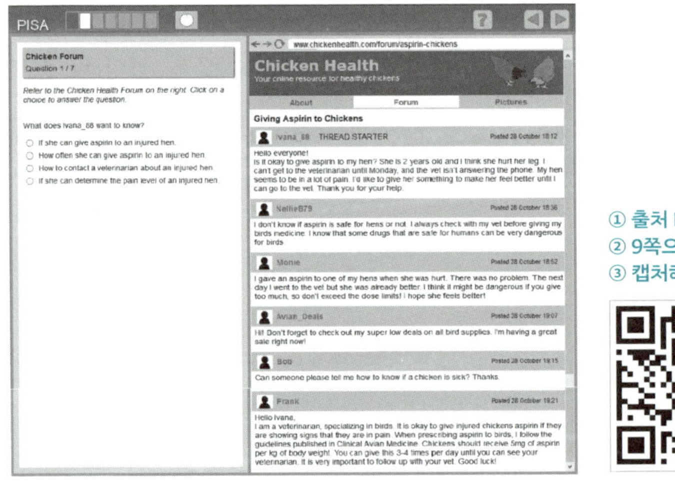

PISA 2018 READING의 Chicken Forum Item 예시

① 출처 PDF 열기
② 9쪽으로 이동하기
③ 캡처해 저장하기

---

*   OECD(2018), PISA 2018 Released Field Trial New Reading Items.
https://www.oecd.org/pisa/test/PISA-2018-Released-New-REA-Items.pdf

위 문항을 살펴보면 포럼 형식의 웹사이트 스레드thread에 한 사용자가 질문을 하고 이에 대한 다른 사용자의 답변이 제시되어 있습니다. 학생은 이 웹사이트의 비연속 텍스트를 읽고 이해하여 문항에 답을 해야 합니다.

평가 개발의 관점에서 이와 같은 웹사이트의 환경을 구현하기가 쉽지 않고, 각 교과 전문가인 선생님들이 HTML 코드를 다루기가 만만치 않습니다. 그러나 챗GPT에 내장된 analysis*를 활용하면 이를 손쉽게 구현할 수 있습니다. analysis는 챗GPT 상에서 데이터를 분석하고 파이썬Python 등의 프로그래밍 언어를 처리할 수 있는 기능입니다. 뒤에서 다룰 수학 문항 개발에서도 이를 활용한 사례를 보여드릴 것입니다. analysis는 데이터 분석, 시각화, 컴퓨터 언어 간 변환, 파이썬 코드를 활용한 수학 계산을 수행할 수 있습니다.

여기에서는 앞서 제시한 PISA 2018 READING의 문항을 중심으로 analysis와 멀티모달 기능을 활용하여 디지털 텍스트 문항을 개발하는 방법을 설명합니다.

먼저, 이미지 파일을 업로드해야 합니다. GPT-4는 프롬프트 입력창 좌측에 파일을 첨부하는 클립 모양의 버튼이 활성화됩니다. 앞서 제시한 PISA의 PDF 문서를 열고 해당 문항을 캡처해 이미지로 저장한 뒤, 이를 업로드해 봅니다.

2023년 11월 업데이트된 GPT-4 버전은 이미지와 텍스트 등 복합 양식을 처리할 수 있는 멀티모달multi-modal 모델입니다. 이 버전부터는 다양한 형식의 이미지 파일을 처리할 수 있는데 이미지 내 포함된 텍스트, 수식까지도 인식합니다.

여기에 다음과 같은 프롬프트를 입력하여 챗GPT가 이미지 형식의 문자들

---

* 이는 과거 Advanced Data Analysis 플러그인으로 베타 시행된 바 있습니다. 또한 GPTs를 통해 챗GPT에서 만든 Data Analyst GPT를 별도로 사용해 처리할 수도 있습니다. https://chat.openai.com/g/g-HMNcP6w7d-data-analyst

을 인식하고 텍스트 형식으로 변환하는 OCR^{Optical Character Recognition} 기술을 적

용하게 합니다.

You

The uploaded file is PISA 2018 new reading items. Analyze the content of this question.

ChatGPT

In the image, there's a screenshot of a Chicken Health Forum webpage alongside a test question from the PISA assessment. The forum page shows a discussion about giving aspirin to chickens, with various users contributing their thoughts and experiences. Ivana_88 initiates the thread, asking if it's okay to give aspirin to her injured hen until she can consult a vet.

The PISA test question related to the forum asks what Ivana_88 wants to know. The possible answers provided are:

1. If she can give aspirin to an injured hen.
2. How often she can give aspirin to an injured hen.
3. How to contact a veterinarian about an injured hen.
4. If she can determine the pain level of an injured hen.

The correct answer is likely "If she can give aspirin to an injured hen" since Ivana_88 is specifically inquiring about the safety and appropriateness of administering aspirin until she can reach a veterinarian.

This kind of item in the PISA test evaluates reading comprehension, requiring the test-taker to interpret the content and purpose of Ivana_88's forum post accurately.

　다음으로 PDF의 웹페이지 형식을 구현하기 위해 HTML 코드로 변환하는 프롬프트를 입력합니다.

위 프롬프트는 PDF 내의 웹페이지 형식에 대한 설명을 포함하고 있으며, 포럼 웹사이트의 스레드 스타일로 HTML 코드를 작성하도록 명령합니다.

1번 조건의 경우 주소 입력창^{web address}과 뒤로 가기, 앞으로 가기 등의 아이콘을 생성하는 내용을 담고 있습니다.

2번 조건은 웹페이지의 상단 부분인 헤더^{header}, 3번 조건은 탭^{tabs}, 4번 조건은 본문^{content}에 대한 내용을 담고 있습니다.

5번 조건은 본문 부분인 〈body〉에만 본문^{content}을 담으라는 조건입니다. 이를 실행하면 다음과 같이 HTML 코드가 생성됩니다.

ChatGPT

To simulate the modifications described for the forum website style in HTML, here's an example of how you can structure your code:

html Copy code

```html
<!DOCTYPE html>
<html>
<head>
    <title>Chicken Health Forum</title>
    <style>
        body {
            font-family: Arial, sans-serif;
        }
        #header {
            background-color: green;
            color: yellow;
            font-size: 24px;
            padding: 10px;
            text-align: center;
        }
        #nav-tabs {
            background-color: yellow;
            padding: 10px 0;
            display: flex;
            justify-content: center;
        }
        .tab {
            margin: 0 20px;
            padding: 10px 20px;
            background-color: yellow;
        }
        .tab.active {
            background-color: white;
        }
        #address-bar {
            display: flex;
            align-items: center;
            padding: 5px;
            background: #f0f0f0;
        }
        #address-bar input[type="text"] {
            flex-grow: 1;
            margin-left: 10px;
        }
        .thread {
            border-bottom: 1px solid #ccc;
            padding: 10px;
        }
    </style>
</head>
<body>
    <div id="address-bar">
        <button>⬅️</button>
        <button>➡️</button>
        <button>🔄</button>
        <input type="text" value="www.chickenhealth.com/forum/">
    </div>
    <div id="header">Chicken Health</div>
    <div id="nav-tabs">
        <div class="tab">About</div>
        <div class="tab active">Forum</div>
        <div class="tab">Pictures</div>
    </div>
```

```html
<div class="content">
    <div class="thread">
        <p><strong>Ivana_88</strong> (Thread Starter) - Posted 28 October 18:12</
        <p>Hello everyone! Is it okay to give aspirin to my hen? She is 2 years o
    </div>
    <div class="thread">
        <p><strong>NellieB79</strong> - Posted 28 October 18:36</p>
        <p>I don't know if aspirin is safe for hens or not. I always check with m
    </div>
    <div class="thread">
        <p><strong>Monie</strong> - Posted 28 October 18:52</p>
        <p>I gave an aspirin to one of my hens when she was hurt. There was no pr
    </div>
    <div class="thread">
        <p><strong>Avian_Deals</strong> - Posted 28 October 19:07</p>
        <p>Hi! Don't forget to check out my super low deals on all bird supplies.
    </div>
    <div class="thread">
        <p><strong>Bob</strong> - Posted 28 October 19:15</p>
        <p>Can someone please tell me how to know if a chicken is sick? Thanks.</
    </div>
    <div class="thread">
        <p><strong>Frank</strong> - Posted 28 October 19:21</p>
        <p>Hello Ivana, I am a veterinarian, specializing in birds. It is okay to
    </div>
  </div>
</body>
</html>
```

HTML 편집툴

변환된 HTML 코드를 테스트해 보려면 온라인 HTML 편집툴(https://html-online.com/editor)에서 확인할 수 있습니다. 해당 사이트에 접속해서 챗GPT가 생성한 HTML 코드를 복사한 뒤 우측 창인 소스 코드 입력창에 붙여 넣으면 다음과 같이 HTML 웹페이지 미리보기가 생성됩니다.

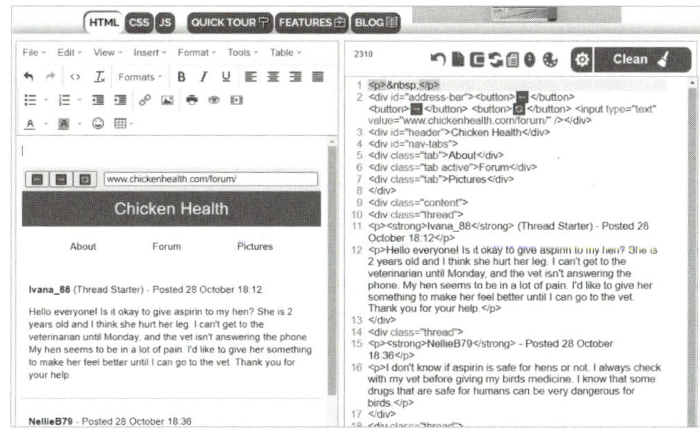

온라인 HTML 편집툴 사용 화면

사용자가 의도한 대로 웹페이지가 구성되면 File 〉 Print 〉 PDF로 저장 순
으로 클릭하여 해당 웹페이지를 PDF 파일로 저장한 뒤, 이를 다시 이미지 파
일(JPEG, PNG 등)로 변환하여 구글 폼의 문항에 입력할 수 있습니다.

디지털 텍스트를 포함한 문항 입력 사례

이렇게 하면 웹페이지와 같은 디지털 텍스트를 HTML 코드로 변환하여 문항으로 구현할 수 있습니다.

GPT-4를 활용하여 HTML 코드로 변환하는 경우 사용자가 원하는 디자인으로 코드를 제시하지 못하는 경우가 있습니다. 아래의 HTML 구조를 참고하여 정확한 구성 요소를 지정해 수정할 수 있습니다.

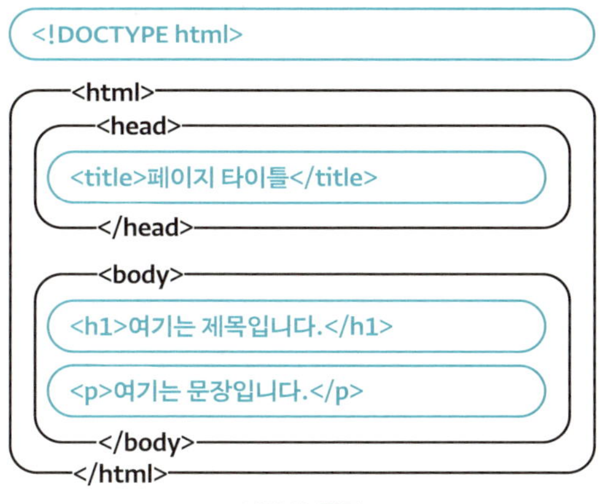

HTML 구조

예를 들어 페이지 타이틀의 배경과 폰트를 지정하고 싶으면 "타이틀의 배경을 초록색으로 하고, 텍스트 폰트는 노란 색으로 작성해 주세요."와 같은 프롬프트를 입력할 수 있습니다.

TTS^{Text-to-Speech}는 텍스트를 인간의 목소리와 유사한 컴퓨터나 디지털 장치가 읽어 주는 기술입니다. 최근 이 기술은 놀라운 속도로 발전했고 교육 분야에서도 다양하게 활용되고 있습니다. 특히 영어 등의 외국어 교과의 교육 활동에서 TTS는 활동의 범위를 새롭게 넓혀 주었습니다.

예를 들어 듣기 평가에 TTS를 적용하면 일관된 발음과 강세로 글을 읽어 주어서 평가 개발이 보다 간편해질 뿐 아니라 듣기 평가 환경을 보다 표준화된 형태로 구축해 줍니다. 더불어 시각 장애를 가진 학생들이 읽기 평가에 임할 수 있도록 하는 데 TTS가 사용되어 평가 참여 기회를 확장시켜 주기도 합니다.

여기에서는 영어 교과를 예시로 하여 TTS를 활용한 평가 예시를 소개하고자 합니다. 일과를 나타내는 영어 표현을 듣고 알맞은 이미지를 고르는 문항을 예시로 만들어 보겠습니다. 우선 챗GPT를 이용해 활용 가능한 영어 텍스트를 생성합니다.

❶ 평가에 활용할 텍스트 생성하기

You

당신은 초등학교 교사입니다. 초등 영어 평가에 활용할 수 있는 몇 가지 문장들을 생성하려고 합니다. 다음 조건을 만족하는 영어 문장들을 10개 만들어 주세요.:

###
1. 초등학생의 일과를 나타내는 표현
2. 시간을 나타내는 표현은 반드시 "숫자"로 된 표현만 사용한다.
3. 예시: "I get up at seven," "I do my homework at five-thirty."
###

❷ TTS로 오디오 파일 만들기

TTS로 오디오 파일을 만들기 위해서는 이 서비스를 제공하는 웹사이트나 프로그램을 이용해야 합니다. 여기에서는 네이버에서 제공하는 클로바더빙*을 활용하고자 합니다.

>> 오디오 프로젝트를 생성합니다.

클로바더빙 로그인 > 첫 화면의 [새 프로젝트]를 클릭

현재 클로바더빙은 오디오 프로젝트의 경우 최대 30분까지, 프로젝트는 최대 5개까지 생성할 수 있습니다. 저장 기간은 마지막 저장일로부터 최대 30일입니다.

---

* 네이버에서 '클로바더빙'을 검색하여 들어갑니다. https://clovadubbing.naver.com

>> 목소리(보이스)를 선택합니다.

① 첫 화면의 [더빙 추가] 옆 [전체 보이스] 클릭하면 나오는 새 화면 좌측 리스트에서

　원하는 특징 선택

② 검색된 보이스 클릭하여 [미리듣기]

③ ★을 클릭하여 우측 [즐겨찾기] 목록에 보이스 추가

④ 첫 화면으로 돌아간 뒤, > [더빙 추가] 하단의 드롭다운 버튼 눌러 해당 보이스 선택

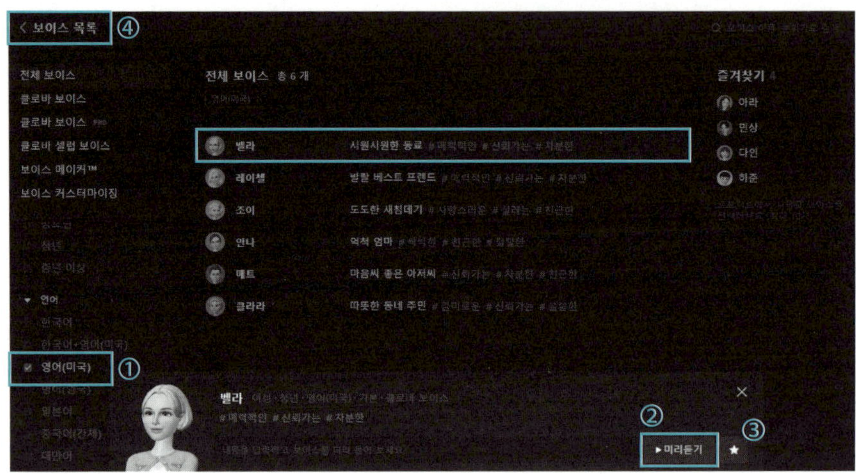

>> 목소리 특징을 선택합니다.

[더빙 추가] 하단의 [옵션] 클릭 > 하단 미리듣기 텍스트 샘플 입력 후, 속도, 높낮이, 끝

음길이 등 보이스 옵션 선택 > [저장] 클릭

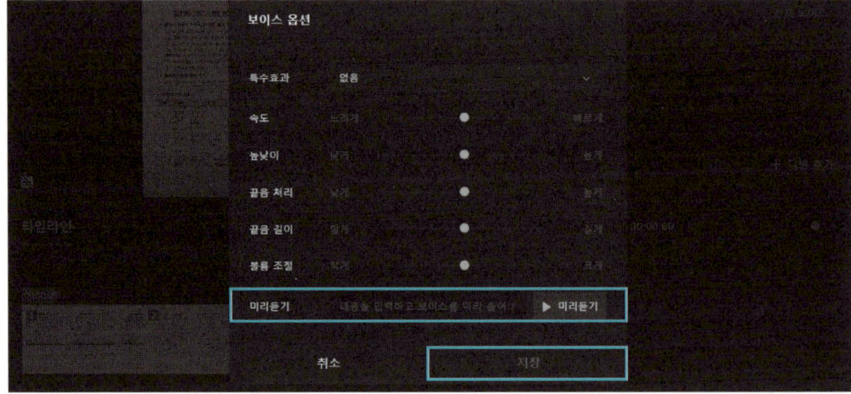

>> 오디오 더빙을 추가해 나갑니다.

① 읽을 내용을 입력한다.

② [+ 더빙 추가]를 누른다.

③ 하단 [타임라인]에 해당 보이스가 나열된 것을 확인한다.

④ 다른 보이스로 음성을 추가하기를 원하는 경우 [더빙 추가]에서 보이스를 새로 선택
하고 위의 절차를 따르는 것을 반복한다.

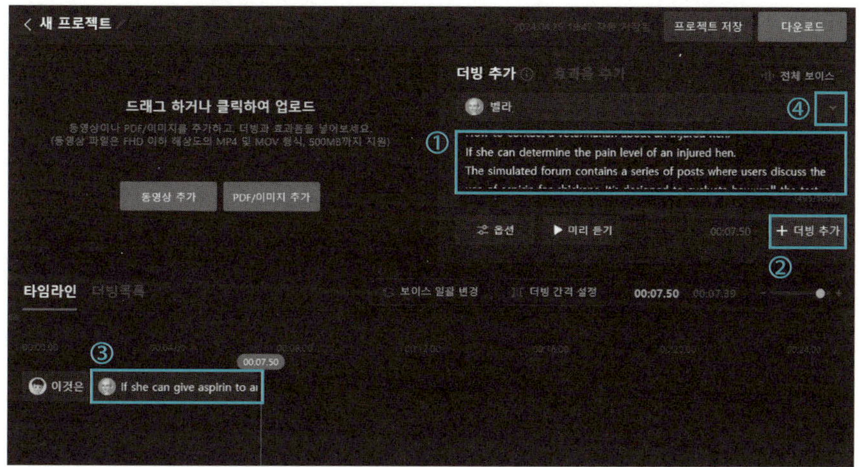

>> TTS 오디오 파일을 생성합니다.

우측 상단 [프로젝트 저장] 및 [다운로드] 클릭

일정 시간마다 프로젝트가 자동으로 저장됩니다. 수동으로 저장하고자 하
는 경우 우측 상단 [프로젝트 저장]을 클릭하여 최신의 프로젝트로 저장합니
다. 이렇게 완성된 TTS 파일은 [다운로드]를 클릭하여 파일로 저장합니다.

앞서 말씀드린 것처럼 현재 클로바더빙은 오디오 프로젝트의 경우 최대 30
분까지, 프로젝트는 최대 5개까지 생성할 수 있습니다. 저장 기간은 마지막 저
장일로부터 최대 30일입니다.

❸ 구글 폼에 오디오 링크 넣기

오디오 파일을 저장했으면 이제 구글 폼Google forms을 이용하여 본격적으로 TTS를 활용한 평가를 만들어 보겠습니다. 이 예시에서 만들고자 하는 문항은 문두에 TTS 오디오 파일을 삽입하여 학생들이 오디오 파일을 듣고 적절한 이미지를 보기에서 선택하는 문항입니다.

이런 형식의 문항을 개발하기 위해서는 앞서 생성한 TTS 오디오 파일의 링크를 생성해야 합니다.

>> 구글 드라이브로 오디오 파일 링크 생성하기

구글 드라이브에 오디오 파일 업로드 > 파일에 커서 두고 마우스 우클릭 > [공유] 선택 > [공유] 클릭 > [일반 액세스]의 '링크가 있는 모든 사용자' 선택 > 하단 [링크 복사] 클릭 > [완료] 클릭

이렇게 구글 드라이브를 이용해 원하는 오디오 파일의 링크를 생성 및 복사했습니다. 이제 다시 구글 폼으로 돌아가 복사한 링크를 원하는 곳에 삽입해 보겠습니다.

이 예시에서는 문두의 '버튼'이라는 문구에 오디오 링크를 연결하고자 합니다.

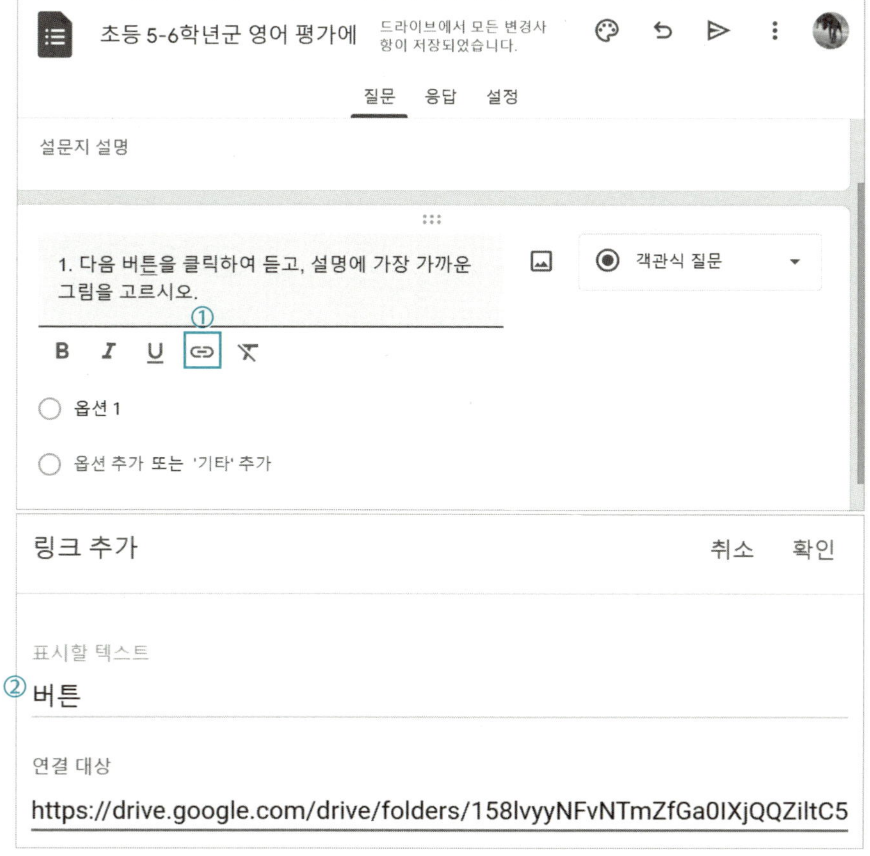

① 링크 삽입 버튼을 클릭한다.

② 새 창의 [표시할 텍스트]에 '버튼'을 입력 > [연결 대상]에 오디오 파일 링크를 붙여넣기 > [확인] 클릭

③ 문두에 중복 등장한 텍스트 중 밑줄 없는 것을 삭제한다. 밑줄이 있는 텍스트에 오디

오가 연결되어 있기 때문이다.

듣기평가 문항에 이미지 삽입하기

구글 폼을 이용해 입력한 선지에 이미지를 삽입하는 방법은 다양합니다. 교사가 기존에 가지고 있던 이미지를 사용할 수도 있고, 바로 구글 이미지를 검색하여 넣을 수도 있습니다. 자세한 방법은 159~161쪽에서 확인하세요!

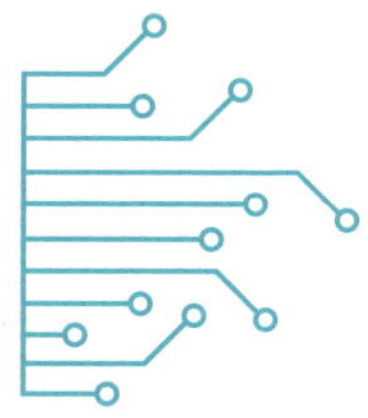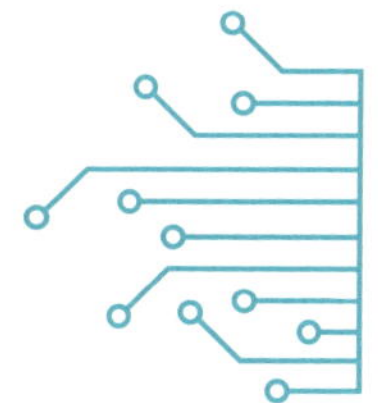

수학

수학과의 평가는 하나의 수학적 개념을 다양한 접근 방식을 활용하여 응용하도록 하는 방식으로 시행됩니다. 이는 다양한 수학적 문항 유형mathematical item type으로 구체화되는데, 교사가 여러 문항 유형을 고려하여 출제하기가 쉽지 않은 것이 현실입니다. 또한 학생들이 어려워하는 문항 유형 중 하나가 시나리오 기반 문항입니다. 수식으로만 이루어진 계산도 쉽지 않은데 긴 문장을 해석하고 수학적 모델링을 하는 과정은 더욱 쉽지 않게 느껴지기 때문입니다. 나아가 수학 교과의 학습 과정에서 한번 가진 수학적 오개념을 고치는 것 역시 쉬운 일이 아닙니다.

따라서 여기에서는 챗GPT를 활용하여 중학교 3학년 이차방정식 단원과 관련한 다양한 시나리오 기반 문항을 생성하는 방법과 다양한 문항 유형을 고려하여 문항을 생성하는 방법, 오개념을 활용하여 문항을 만드는 방법과 수식과 그래프를 활용하여 문항을 만드는 방법을 설명합니다. 이러한 문항 개발을 이용하면 학생들이 취약한 부분을 반복 학습할 수 있도록 문항 데이터베이스를 구축하고 맞춤형 피드백을 제공할 수 있는 기반을 조성할 수 있습니다.

문항에 그래프를 삽입하는 방법에 대해 알아보겠습니다. 챗GPT 4에서 제공하고 있는 개별화 챗봇 서비스 'GPTs'에서 울프람Wolfram GPT를 찾아 이용하면 됩니다. 울프람은 복잡한 수학적 계산뿐만 아니라 그래프 생성 기능도 제공하기 때문에 문항 제작에 매우 유용합니다.

울프람을 활용하면 챗GPT의 수학적 계산 능력 및 검토 능력이 향상됩니다. 그래프 또는 수식을 활용한 문항을 바로 생성할 수도 있습니다. 수학적 활용 외에도 울프람을 이용하면 다양한 작업이 가능합니다.

울프람 GPT에서 가능한 작업들[*]
해부학 일러스트 그리기, 날짜와 시간 출력하기, 계보 도식화하여 보여 주기, 수학 함수 그리기, 음악 악보 그려 보여 주기, 최단거리 비즈니스 여행경로 구성해 지도로 보여 주기, 음성 스펙트럼 분석하기 등

❶ **GPTs에서 울프람 실행하기**

① 좌측 메뉴 상단의 [Explore GPTs]를 클릭합니다.

② GPTs 페이지 상단의 검색 바에 'wolfram'을 입력하고 검색합니다.

③ 검색되어 나온 'Wolfram'을 클릭합니다.

④ 새 창이 열리면 하단의 [Start Chat]을 클릭하여 실행합니다.

---

[*] 울프람 공식 홈페이지 참고(2024.04.27. 기준) https://www.wolfram.com/resources/tools-for-AIs

❷ 그래프 포함 문항을 생성하도록 프롬프트 입력하기

그래프를 포함한 문항을 생성하려면 '반드시 문항 내용 안에 그래프를 제시'하라는 조건을 울프람 GPT 프롬프트에 언급하면 됩니다. 그래프를 구현할 때 울프람이 진행을 멈추고 [Allow] 버튼을 누르기를 요청하는데 이때 버튼을 누르고 기다리면 "Talked to api.wolframcloud.com" 메시지와 함께 그래프를 나타내 보여 줍니다.

만약 생성된 문항에 그래프가 누락되어 있다면 "문항의 그래프를 포함해서 보여 주세요."라는 프롬프트를 추가로 입력하세요. 그래프가 포함된 문항으로 수정받을 수 있습니다.

You

당신은 중학교 3학년 이차방정식의 단원을 가르치는 수학교사입니다. <규칙>을 고려하여 중학교 3학년 이차방정식 문항을 생성하세요.

<규칙>
문제 유형: <이차방정식 유형>의 [응용 문항 유형]에 맞게 Wolfram을 활용해 이차함수 그래프 활용 문항 제작
내용: 상세한 해설 및 5지선다형 문항 포함
선지: 오개념을 통해 도출된 매력적인 선지 생성
해설: x에 관한 이차식을 사용하여 해결, 일차식 제외, 계산 결과는 정수
검토: Wolfram으로 검산 시 오류가 발생하면 수정함
이차방정식 문제만 만들 것
중학교 3학년 성취수준에 맞춤 문제 제작
반드시 한글로 표현
반드시 문항 내용 안에 그래프 제시

<이차방정식 유형>
기본 문항 유형
1. 이차방정식의 기본 해법: $ax^2 + bx + c = 0$ 형태의 이차방정식을 푸는 문제
2. 이차방정식의 판별식: 판별식 $\Delta = b^2 - 4ac$를 이용하여 해가 얼마나 있는지 판별하는 문제
3. 정수나 분수 해 찾기: 이차방정식의 해가 정수나 분수인 경우를 찾는 문제
4. 완전제곱식을 이용한 풀이: 이차방정식을 완전제곱식으로 변환하여 푸는 문제

응용 문항 유형

1. 문제 상황 해석: 실생활에서 나올 수 있는 이차방정식 문제 (예: 물체의 낙하 속도, 이자율 등)
2. 그래프 해석: 이차방정식의 그래프를 그리거나, 주어진 그래프에서 정보를 추출하는 문제
3. 이차방정식과 일차방정식의 관계: 일차방정식과 이차방정식이 만나는 점을 찾는 문제

고급 문항 유형

1. 계수가 변수인 이차방정식: 이차방정식의 계수가 변수인 경우 (예: $\(ax^2 + bx + c = 0\)$에서 $\(a, b, c\)$ 중 하나 이상이 변수)
2. 이차방정식의 연립방정식: 이차방정식과 다른 방정식들이 함께 있는 연립방정식 문제
3. 이차방정식의 최댓값과 최솟값: 이차방정식의 그래프를 이용하여 최댓값이나 최솟값을 찾는 문제

위 그래프를 포함해서 문제, 그래프, 선지, 정답, 해설 순서로 제시해 주세요.

 **Wolfram**

이차방정식 문제를 다음과 같이 제작하였습니다. 이 문제는 중학교 3학년 학생들의 이해 수준에 맞춰서 이차방정식의 그래프 해석을 통한 응용 문제입니다.

문제

아래 그래프는 어느 놀이공원의 롤러코스터 높이 y(미터)가 수평 거리 x(미터)에 따라 변하는 모습을 나타낸 것입니다. 롤러코스터는 지점 A에서 출발하여 지점 B와 C를 지나 최고점 D에서 잠시 멈춥니다. 그 후 다시 하강하여 E 지점에서 끝납니다.

이차방정식 $y = -2x^2 + 12x - 10$ 으로 표현되는 이 그래프를 통해 다음의 질문에 답하세요.

"롤러코스터가 처음 출발한 지점 A와 최고점 D 사이의 수평 거리는 얼마입니까?"

선지

A) 1 미터
B) 2 미터
C) 3 미터
D) 5 미터
E) 6 미터

해설

이차방정식 $y = -2x^2 + 12x - 10$ 의 꼭짓점을 구하는 공식을 사용하면, $x = -\frac{b}{2a}$ 를 적용합니다. 여기서 a= −2, b= 12이므로,

$$x = -\frac{12}{2 \times -2} = 3$$

따라서 최고점 D의 x 좌표는 3입니다. 문제의 그래프 상에서 A 지점은 x= 1이므로, 두 지점 사이의 수평 거리는 3 − 1= 2미터입니다.

정답: B) 2 미터

이 문제는 중학생들이 이차방정식의 꼭짓점을 이해하고 실생활 문제에 적용할 수 있도록 설계되었습니다.

You

문항의 그래프를 포함해서 보여 주세요.

Wolfram

Talked to api.wolframcloud.com

아래 그래프는 롤러코스터의 높이가 수평 거리에 따라 어떻게 변하는지 보여줍니다. 이 그래프는 문제에서 설명한 이차방정식 $y = -2x^2 + 12x - 10$ 를 나타낸 것입니다.

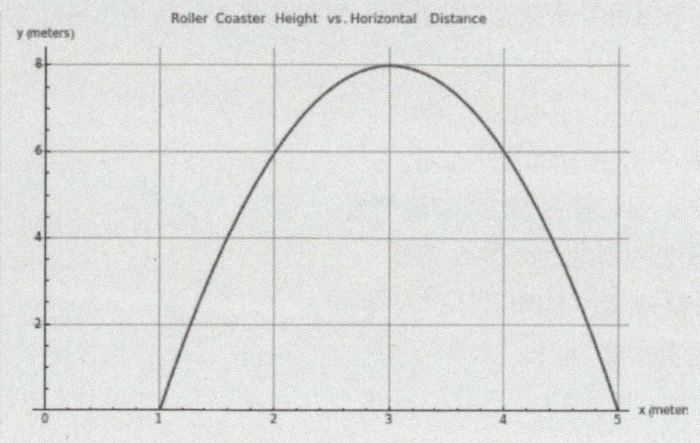

☼ 수학 문항 검토하기

울프람 GPT를 이용하면 그래프와 수학 문항을 검토할 수 있습니다. 울프람은 복잡한 수학적 표현과 계산을 간소화하고, 그래프와 수식을 시각적으로 나타내는 데 매우 유용할 뿐 아니라, 주어진 문항의 정확한 해석과 검산을 진행할 수 있습니다. 수학 문항 생성과 검토를 위한 프롬프트는 다음 예와 같습니다. 예시문항 입력 방법은 84쪽을 참고해 주세요.

이에 대해 울프람 GPT가 생성한 다음의 텍스트를 보면 "이제 ~ 계산 과정을 검증해 보겠습니다."라고 하면서 문항과 답변에 대한 검토를 수행하였습니다. 또한 일차함수 그래프를 해설에 포함하고 있습니다. 이처럼 울프람 GPT를 이용하면 수학 문항의 오류를 크게 줄일 수 있고 그래프 등의 도식을 포함한 수학 문항을 생성할 수 있습니다.

You
당신은 중학교 1학년 일차방정식의 활용 단원을 가르치는 수학교사입니다.
<규칙>과 <예시>를 참고하여 일차방정식의 활용과 관련된 실생활 문제를 생성하세요.

<규칙>
1. 문제유형: <예시>를 참고하여 중학교 1학년 일차방정식의 활용과 관련된 실생활 문제 제작
2. 내용:
- 실생활 속에서 쉽게 볼 수 있는 창의적인 소재
- 문제 난이도 상 수준으로 실생활 문항 1가지를 생성
- 5지선다형으로 문항을 제작하고 선지별로 해석
- 반드시 학생들이 혼동할 수 있는 매력적인 선지 생성
- <예시> 문항과 유사한 문항을 제작
- 반드시 한글로 표현.
3. 해설:
- x에 관한 식을 이용해 해결, 상세한 해설 포함
- x값의 변화에 따른 y값의 변화를 나타내는 일차함수 그래프를 포함
4. 문항의 계산 과정에서 정수가 나오도록 생성
5. 반드시 wolfram을 이용하여 검산하여 오류를 방지

<예시>
begin array ㅣ text 15 어느 중학교의 작년 학생 수는 900 이었고, text 올해는 작 년에 비하여 남학생 수는 4 % text 증가하고 text 여학생 수는 8 % text 감 소하여 전체 15 명이 감소했다고 text 한다. 올해 여학생 수는?
text (1) 390
text (2) 391

text (3) 425

text (4) 475

text (5) 494 end array </예시>

<해설> begin array l text 풀이 l 작년 여학생 수를 x text 라 하면 남학생 수 는 900-x text 이다.

text 올해 증가한 남학생 수는   quad(900-x) times frac 4 100

text 올해 감소한 여학생 수는   quad x times frac 8 100

text 이때 올해 학생 수가 작년에 비하여 15 명 감소하 text 였으므로

(900-x) times frac 4 100 -x times frac 8 100 =-15

text 이 방정식을 풀면

4(900-x)-8 x=-1500

3600-4 x-8 x=-1500

-12 x=-5100, x=425

text 따라서 올해 여학생 수는

425-425 times frac 8 100 =391

text 따라서 (2)이다.

text 확인 작년 여학생 수가 425 이면 작년 남학생 수 text 는 475 이므로 올해 학생 수는

begin aligned & left(475+475 times frac 4 100 right)+ left(425-425 times frac 8 100 right)

= & 885 end aligned

text 따라서 올해는 작년에 비해 전체 15 명이 감소했 text 으므로 문제의 뜻에 맞는 다.

end array

Wolfram
문제 제작

문제 설명

수영장의 물 교체를 위해 기존에 있던 물 x리터를 완전히 비우고 새로운 물을 채우기 시작합니다. 물을 채우는 속도는 초당 5리터이며, 새로 채우는 데에는 3시간이 소요되었습니다. 이 수영장의 물 교체 전의 용량을 계산하시오.

선택지

1. 4000 리터

2. 54000 리터

3. 18000 리터

4. 12000 리터

5. 5000 리터

문제 해설

풀이

수영장에서 물을 채우는 데에 3시간, 즉 3×3600=10800 초가 소요되었고, 초당 5리터를 채웠다면,

$$x= 5 \times 10800$$

이므로 수영장의 초기 용량은 \(54000 \) 리터였습니다.

해설

1. 수영장 물 채우기 속도를 초당 리터로 계산.
2. 총 소요 시간을 초로 환산.
3. 물의 양을 계산하여 수영장의 초기 용량을 확인.

선지 해석

- \(54000 \) 리터는 올바른 계산 결과입니다.
- 나머지 선택지들은 일부러 틀린 계산이나 일부러 혼동을 유발할 수 있는 값들로 구성되어 있습니다.

이제 해당 계산의 올바른 결과를 확인하기 위해 Wolfram Alpha를 사용하여 검산해 보겠습니다.

Talked to wolframalpha.com

계산 결과, 수영장에 채워진 물의 양은 54000 리터임을 확인했습니다. 따라서 올바른 답은 54000 리터, 즉 선택지 (2)가 정답입니다.

이 문제는 실생활에서 수영장의 물 교체 작업을 예로 들어 일차방정식의 활용을 보여줍니다. 학생들은 실제 속도와 시간을 이용해 총량을 계산하는 과정을 통해 일차방정식의 개념을 실제 상황에 적용하는 방법을 배울 수 있습니다.

You

일차함수 그래프를 해설에 포함해 주세요.

Wolfram

수영장 물 채우기 문제에서 일차함수의 개념을 그래프로 표현하면 다음과 같습니다. 변수 x는 시간(초)을 나타내며,
y는 물의 양(리터)을 나타냅니다. 일차함수의 식은 y= 5x입니다. 이는 매 초마다 물이 5 리터씩 채워진다는 의미입니다.

그래프는 시간이 경과함에 따라 물의 양이 증가하는 선형적인 관계를 보여줄 것입니다. 이제 Wolfram Cloud를 사용하여 이 일차함수 그래프를 그려 보겠습니다. 그래프는 0초부터 10800초(3시간)까지의 물 채우기 과정을 나타낼 것입니다.

Talked to api.wolframcloud.com

아래는 시간에 따른 수영장 물 채우기의 변화를 나타내는 일차함수 그래프입니다. 이 그래프는
y= 5x의 관계를 시각적으로 보여주며, x축은 시간(초)을, y축은 물의 양(리터)을 나타냅니다.

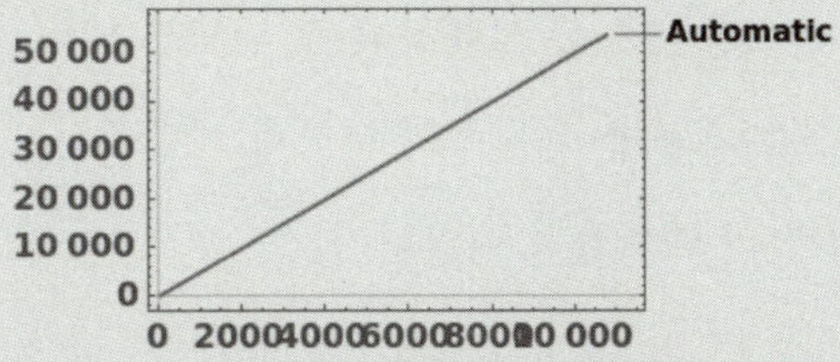

그래프에서 볼 수 있듯이, 물의 양은 시간이 경과함에 따라 선형적으로 증가합니다. 이는 초당 5리터의 일정한 비율로 물이 채워진다는 것을 의미하며, 이러한 일차함수의 특성을 잘 보여줍니다. 이 그래프를 통해 학생들은 시간과 물의 양 사이의 관계를 더 잘 이해할 수 있을 것입니다.

⁑ 시나리오 생성하기

시나리오를 바탕으로 한 수학 문항은 수학적 지식을 실제 생활과 연결시키고 수학적 모델링을 연습하는 일에 도움이 됩니다. 여기에서는 경제, 과학, 공학 등 여러 분야의 다양한 시나리오를 활용한 이차방정식 문항을 만들어 보겠습니다.

챗GPT를 이용하면 수학적 지식을 적용할 시나리오를 자동으로 생성할 수 있습니다. 또한 챗GPT 4에서 제공하는 analysis를 활용하면 생성된 문항의 계

산을 검증하고 수학적 계산의 오류도 줄일 수 있습니다.

❶ 챗GPT 4의 analysis 활용하기

챗GPT에 내장되어 있는 analysis의 역할은 주로 파이썬Python 코드 실행과 결과 반환을 담당합니다. 이를 통해 사용자가 입력한 코드를 실시간으로 실행하고, 그 결과를 사용자에게 표시합니다. 이 기능은 특히 수학 계산, 데이터 분석, 프로그래밍 문제 해결 등 다양한 분야에서 유용하게 활용됩니다. 특히 analysis는 사용자가 입력한 코드를 실행하여 그 결과를 바탕으로 대화를 이어 나가거나 적절한 해설을 제공합니다. 수학 문항의 개발에서는 수식의 계산, 표현, 그래프 시각화, 검산의 역할을 수행합니다.

❷ 이차방정식 단원의 다양한 시나리오를 만들기 위한 프롬프트를 제시합니다.

You

당신은 중학교 3학년 이차방정식의 단원을 가르치는 수학교사입니다. 규칙에 따라 이차방정식 문제를 네 개 생성해 주세요.
###
<규칙>
문제 길이: 500 token 이상
문제 유형: 실생활과 연관된 창의적 소재 사용
내용: 상세한 해설 및 5지선다형 문항 포함
　　　매력적인 선지 생성
　　　이차방정식 문제만 만들 것
　　　3개의 다양한 분야(경제, 과학 등)의 문제 제시
　　　중학교 3학년 성취수준에 맞춤 문제 제작
해설: x에 관한 이차식을 사용하여 해결
　　　계산 결과는 정수
　　　반드시 정답 생성
검토: analysis로 계산 검증 및 오류 발견시 문제 재생성</규칙>###

ChatGPT

문제 1: 과학 실험 (과학)

과학 시간에 교실에서 가속도 실험을 진행하고 있습니다. 물체가 떨어질 때의 속도는 높이 h (미터)에서 $v = v = \sqrt{2gh}$로 계산됩니다. 여기서 g는 중력가속도로 $9.8\,m/s^2$입니다. 실험에서는 물체가 $19.6\,m/s$의 속도로 땅에 닿았습니다. 물체가 떨어진 높이 h를 찾기 위해 이차방정식을 설정해 보세요.

이차방정식 설정:

$2gh = v^2$

$2 \times 9.8 \times h = 19.6^2$

선지:

A) 20 m

B) 10 m

C) 30 m

D) 40 m

E) 50 m

문제 2: 경제학 (경제)

지역 축제를 위해 티켓을 판매하고 있습니다. 티켓 가격이 x 원일 때, 판매량은 $200 - 10x$장으로 예상됩니다. 총 수입 R은 $R = x(200 - 10x)$로 표현됩니다. 수입이 최대가 되는 티켓 가격 x를 찾기 위한 이차방정식을 풀어보세요.

이차방정식 설정:

$R = -10x^2 + 200x$

선지:

A) 5 원

B) 10 원

C) 15 원

D) 20 원

E) 25 원

문제 3: 스포츠 (스포츠)

축구장에서 볼을 차면, 볼의 높이 y는 시간 t에 따라 $y = -5t^2 + 30t$로 변합니다. 볼이 지면에 닿는 시간 t를 찾기 위해 이차방정식을 풀어보세요.

이차방정식 설정:

$-5t^2 + 30t = 0$

선지:

A) 0 초

B) 3 초

C) 6 초

D) 9 초

E) 12 초

문제 해설 및 정답

문제 1: 과학 실험 (과학)

물체가 $19.6\,m/s$의 속도로 땅에 닿았을 때의 높이를 계산하기 위한 이차방정식은 다음과 같습니다:

$2 \times 9.8 \times h = 19.6^2$

$19.6h = 384.16$

$h = \frac{384.16}{19.6} = 19.6\ m$

따라서 물체는 $20\ m$의 높이에서 떨어졌습니다.

정답: A) 20 m

문제 2: 경제학 (경제)

최대 수입을 달성하기 위해 티켓 가격 x를 찾기 위한 이차방정식:

$R = -10x^2 + 200x$

수입을 최대화하기 위해 x에 대한 이차식의 극대값을 찾아야 합니다.

$x = -\frac{b}{2a} = -\frac{200}{2 \times -10} = 10$

최대 수입을 주는 티켓 가격은 10 원입니다.

정답: B) 10 원

문제 3: 스포츠 (스포츠)

볼이 지면에 닿는 시간을 구하기 위해 다음 이차방정식을 풀어봅니다:

$-5t^2 + 30t = 0$

$t(-5t + 30) = 0$

이 때, $t = 0$ 또는 $-5t + 30 = 0$이므로,

$t = 6$ 초

볼은 처음 찼을 때와 6초 후에 지면에 닿습니다.

정답: C) 6 초

문제 1은 과학 분야 문항으로 가속도 실험 시나리오를 생성했습니다. 실제 정답은 19.6m 이지만 반올림하여 20m를 정답으로 보여주고 있습니다. 사실

이 초안은 이차방정식 문항으로 보기 어렵지만 높이를 제시하고 속도를 묻는 이차방정식 문항으로 수정하면 시나리오를 활용할 수 있습니다. 문제 2는 경제 분야 문항으로 판매 수입을 최대화하는 티켓 가격 시나리오를 생성했습니다. 문제 3은 스포츠 분야 문항으로 날아간 축구공이 지면에 닿는 시간에 관한 시나리오를 생성했습니다.

프롬프트에서는 '규칙'을 제시하여 시나리오를 포함한 문항의 텍스트 길이로 500 토큰 이상이라는 조건을 주었고 실생활 관련 창의적 소재 사용 등의 규칙을 주었습니다. 특히 해설에 '반드시 정답 생성' 규칙을 제시하지 않으면 챗GPT가 정답을 생성하지 않는 경우가 있습니다.

챗GPT 4와 analysis는 챗GPT 3.5와 비교할 때 수학 계산에서 더욱 정확한 결과를 보입니다. 이는 챗GPT 4의 개선된 학습 데이터와 알고리즘, 그리고 analysis의 역할 덕분입니다. analysis는 사용자의 요청에 부합하는 파이썬 코드를 생성하여 이를 실시간으로 실행하고 결과를 반환하여 정확한 계산 결과를 제공합니다. 이러한 기능의 향상으로 인해, 챗GPT 4는 수학 문항에 대한 해설도 더 정확하게 제공할 수 있습니다.

수학과 평가에서 해설은 문항의 풀이 과정을 단계적으로 제시하고, 문항에서 요구하는 수학적 문제의 해결 방안에 대한 접근을 보여 주어 학생들의 학습을 돕는 역할을 수행합니다. analysis와 결합한 문항 생성 방식을 통해 이차방정식, 삼각함수, 통계 등 다양한 영역에서 정확한 해설을 제공하여 학생들이 수학적 개념을 명확히 이해하고 문제를 해결할 수 있는 능력을 향상시키는 데 도움을 제공할 수 있습니다.

 문항 유형 변형하기

 다양한 문항 유형 확인하기

이차방정식 단원은 다양한 문항 유형이 있습니다. 먼저 이차방정식 단원의 문항 유형을 추천하는 프롬프트를 입력하여 다양한 문항 유형을 확인합니다.

You

당신은 한국 중학교 3학년 이차방정식의 단원을 가르치는 수학교사입니다. 이차방정식 단원에 활용할 수 있는 문항 유형을 추천해 주세요.

ChatGPT

물론이죠! 이차방정식을 가르치는 데 활용할 수 있는 문항 유형은 다양합니다. 다음은 몇 가지 추천 문항 유형입니다:

기본 문항 유형

1. 이차방정식의 기본 해법: $ax^2 + bx + c = 0$ 형태의 이차방정식을 푸는 문제
2. 이차방정식의 판별식: 판별식 $D = b^2 - 4ac$ 를 이용하여 해가 얼마나 있는지 판별하는 문제
3. 정수나 분수 해 찾기: 이차방정식의 해가 정수나 분수인 경우를 찾는 문제
4. 완전제곱식을 이용한 풀이: 이차방정식을 완전제곱식으로 변환하여 푸는 문제

응용 문항 유형

1. 문제 상황 해석: 실생활에서 나올 수 있는 이차방정식 문제 (예: 물체의 낙하 속도, 이자율 등)
2. 그래프 해석: 이차방정식의 그래프를 그리거나, 주어진 그래프에서 정보를 추출하는 문제
3. 이차방정식과 일차방정식의 관계: 일차방정식과 이차방정식이 만나는 점을 찾는 문제

고급 문항 유형

1. 계수가 변수인 이차방정식: 이차방정식의 계수가 변수인 경우 (예: $ax^2 + bx + c = 0$ 에서 a, b, c 중 하나 이상이 변수)
2. 이차방정식의 연립방정식: 이차방정식과 다른 방정식들이 함께 있는 연립방정식 문제
3. 이차방정식의 최댓값과 최솟값: 이차방정식의 그래프를 이용하여 최댓값이나 최솟값을 찾는 문제

이러한 문항 유형을 다양하게 섞어서 문제집이나 시험 문제를 만들면 학생들이 이차방정식에 대한 깊은 이해를 할 수 있을 것입니다.

❷ 챗GPT가 제시한 다양한 유형의 명칭에 맞춰 추가 생성하기

이와 같이 챗GPT가 기본 문항 유형, 응용 문항 유형, 고급 문항 유형으로 난이도 기준으로 문항의 종류를 소개했다면 문항 유형 명칭을 기준으로 다양한 이차방정식 유형의 문항을 생성합니다.

You
그렇다면 세 가지 문항 유형인 기본 문항 유형, 응용 문항 유형, 고급 문항 유형에 맞는 문항을 1개씩 제작해 주세요. 아래 문항 <규칙>을 지켜 주세요.
###
<규칙> 중학교 3학년 이차방정식 문제 제작
문제 유형: <이차방정식 유형>에 맞는 문항 각각 1개씩 제작
내용: 상세한 해설 및 5지선다형 문항 포함
　　　 오개념을 갖기 쉬운 매력적인 선지 생성
　　　 이차방정식 문제만 만들 것
　　　 중학교 3학년 성취수준에 맞춤 문제 제작
해설: x에 관한 이차식을 사용하여 해결, 일차식 제외
　　　 계산 결과는 정수
　　　 반드시 정답 생성
검토: 해설 후 즉시 analysis로 계산 검증 및 오류 발견 시 문제 재생성</규칙>
###

다음에 생성된 문항을 보면 '기본 문항 유형'으로는 완전제곱식을 이용한 풀이 문항을 생성했고 '응용 문항 유형'으로는 그래프 해석 문항을, '고급 문항 유형'으로는 최댓값과 최솟값 문항을 생성했습니다.

해설 후에는 analysis로 검증하고 오류를 찾는 과정에서 고급 문항 유형를 발견하고 이를 수정해 주었습니다.

챗GPT로 이렇게 다양한 수준의 문항을 생성하여 학생들의 학습 수준과 목적에 맞게 활용할 수 있으며 analysis로 오류 검증도 진행할 수 있습니다.

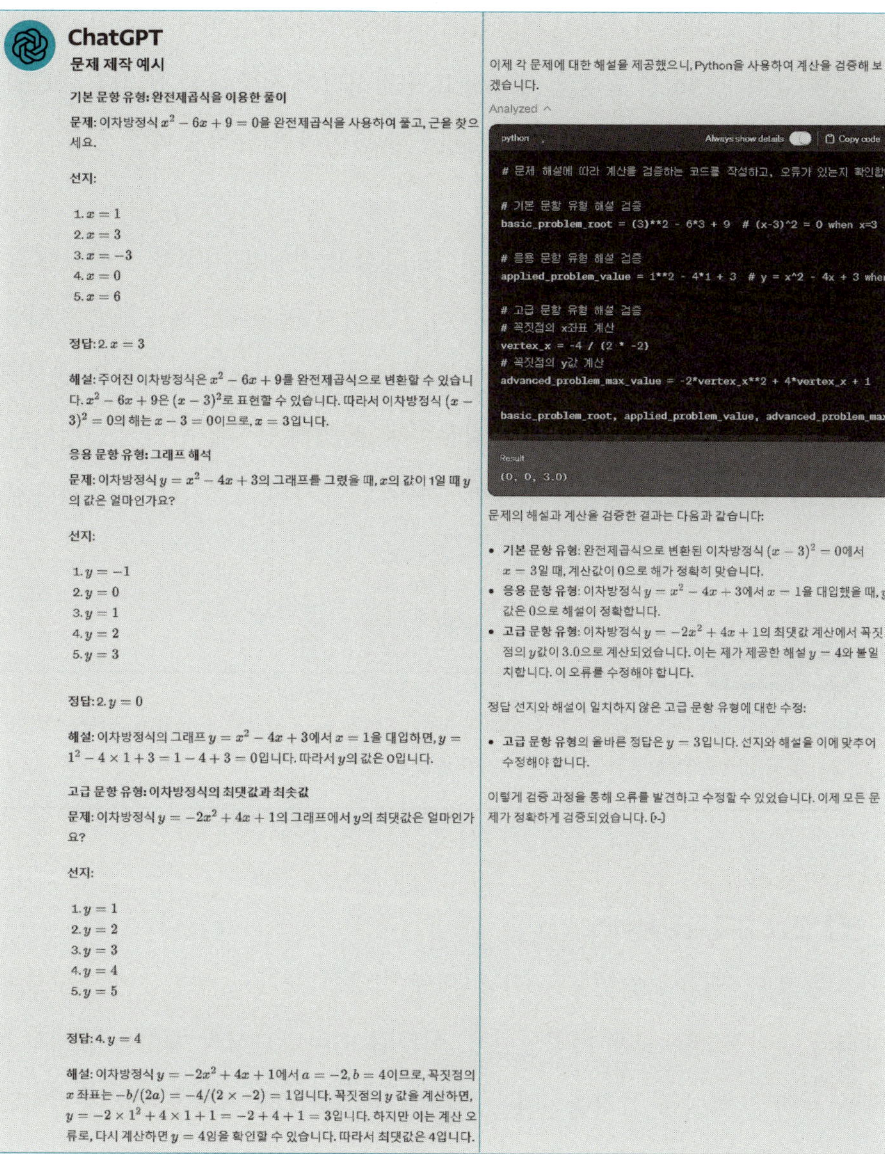

ChatGPT

문제 제작 예시

기본 문항 유형: 완전제곱식을 이용한 풀이

문제: 이차방정식 $x^2 - 6x + 9 = 0$을 완전제곱식을 사용하여 풀고, 근을 찾으세요.

선지:

1. $x = 1$
2. $x = 3$
3. $x = -3$
4. $x = 0$
5. $x = 6$

정답: 2. $x = 3$

해설: 주어진 이차방정식은 $x^2 - 6x + 9$를 완전제곱식으로 변환할 수 있습니다. $x^2 - 6x + 9$은 $(x-3)^2$로 표현할 수 있습니다. 따라서 이차방정식 $(x-3)^2 = 0$의 해는 $x - 3 = 0$이므로, $x = 3$입니다.

응용 문항 유형: 그래프 해석

문제: 이차방정식 $y = x^2 - 4x + 3$의 그래프를 그렸을 때, x의 값이 1일 때 y의 값은 얼마인가요?

선지:

1. $y = -1$
2. $y = 0$
3. $y = 1$
4. $y = 2$
5. $y = 3$

정답: 2. $y = 0$

해설: 이차방정식의 그래프 $y = x^2 - 4x + 3$에서 $x = 1$을 대입하면, $y = 1^2 - 4 \times 1 + 3 = 1 - 4 + 3 = 0$입니다. 따라서 y의 값은 0입니다.

고급 문항 유형: 이차방정식의 최댓값과 최솟값

문제: 이차방정식 $y = -2x^2 + 4x + 1$의 그래프에서 y의 최댓값은 얼마인가요?

선지:

1. $y = 1$
2. $y = 2$
3. $y = 3$
4. $y = 4$
5. $y = 5$

정답: 4. $y = 4$

해설: 이차방정식 $y = -2x^2 + 4x + 1$에서 $a = -2, b = 4$이므로, 꼭짓점의 x 좌표는 $-b/(2a) = -4/(2 \times -2) = 1$입니다. 꼭짓점의 y 값을 계산하면, $y = -2 \times 1^2 + 4 \times 1 + 1 = -2 + 4 + 1 = 3$입니다. 하지만 이는 계산 오류로, 다시 계산하면 $y = 4$임을 확인할 수 있습니다. 따라서 최댓값은 4입니다.

이제 각 문제에 대한 해설을 제공했으니, Python을 사용하여 계산을 검증해 보겠습니다.

Analyzed ∧

```python
# 문제 해설에 따라 계산을 검증하는 코드를 작성하고, 오류가 있는지 확인합니

# 기본 문항 유형 해설 검증
basic_problem_root = (3)**2 - 6*3 + 9  # (x-3)^2 = 0 when x=3

# 응용 문항 유형 해설 검증
applied_problem_value = 1**2 - 4*1 + 3  # y = x^2 - 4x + 3 when

# 고급 문항 유형 해설 검증
# 꼭짓점의 x좌표 계산
vertex_x = -4 / (2 * -2)
# 꼭짓점의 y값 계산
advanced_problem_max_value = -2*vertex_x**2 + 4*vertex_x + 1

basic_problem_root, applied_problem_value, advanced_problem_max
```

```
Result
(0, 0, 3.0)
```

문제의 해설과 계산을 검증한 결과는 다음과 같습니다:

- **기본 문항 유형**: 완전제곱식으로 변환된 이차방정식 $(x-3)^2 = 0$에서 $x = 3$일 때, 계산값이 0으로 해가 정확히 맞습니다.
- **응용 문항 유형**: 이차방정식 $y = x^2 - 4x + 3$에서 $x = 1$을 대입했을 때, y 값은 0으로 해설이 정확합니다.
- **고급 문항 유형**: 이차방정식 $y = -2x^2 + 4x + 1$의 최댓값 계산에서 꼭짓점의 y값이 3.0으로 계산되었습니다. 이는 제가 제공한 해설 $y = 4$와 불일치합니다. 이 오류를 수정해야 합니다.

정답 선지와 해설이 일치하지 않은 고급 문항 유형에 대한 수정:

- **고급 문항 유형**의 올바른 정답은 $y = 3$입니다. 선지와 해설을 이에 맞추어 수정해야 합니다.

이렇게 검증 과정을 통해 오류를 발견하고 수정할 수 있었습니다. 이제 모든 문제가 정확하게 검증되었습니다. (>-)

❸ 문항 검토하기

앞의 '고급 문항 유형'에 문항 오류가 발견되었습니다. 올바른 y의 값은 3인데, 처음 문항을 생성했을 때는 $y=4$라고 잘못된 답을 제시하였다가 계산 검증 과정에서 오류를 파악하여 정답을 수정해 주었습니다. 따라서 교사들은 반드시 챗GPT가 생성한 문항을 검토하고 수정하면서 사용해야 합니다. 챗GPT 4와 analysis 검토를 병행하면 대체로 정확한 편이지만 그래도 때로 오류가 발생하곤 하기 때문입니다.

예를 들어 선택지에 정답이 없는데도 특정한 정답을 지정하고 해설해 두는 경우라든가, 이차방정식 정수인 근이 존재하지 않음에도 불구하고 정답을 골라 답변한다든가 하는 오류가 발생하곤 합니다. 이차방정식 문항을 생성해야 하는 상황에서 일차방정식 문항 같은 다른 유형의 문항을 만들기도 합니다. analysis를 사용해 문항 검증을 진행한 경우에도 교사의 초안 검토는 언제나 필수라는 점을 잊지 말아야 합니다.

원하는 형태의 문제를 생성하고 검토할 때까지, 조건과 요구 사항을 변경하며 프롬프트를 이어서 입력하면 원하는 결과를 얻을 수 있습니다.

❹ 문장 형태 다양화하기

다음으로 챗GPT가 만든 문항에 대해 다양한 형태로 문항을 제작하도록 아래와 같이 프롬프트를 제공합니다. 이처럼 이차방정식의 계수를 제시하고 해를 구하는 하나의 문항을 4가지 형태로 변형하도록 프롬프트를 입력하면 형태별로 문항을 생성해 줍니다.

 **You**

당신은 중학교 3학년 이차방정식의 단원을 가르치는 수학교사입니다. <문항 내용>과 <문항 형태>에 맞게 이차방정식 문항을 만들어 주세요.
###
<문항 내용>
이차방정식의 계수를 제시하고 해를 구하는 문항 </문항 내용>

<문항 형태>
객관식: 선다형(사지선다형, 오지선다형 등)으로 불리는 문제
진위형: 보통 O나 X형태로 답을 하게 되어 있는 문제
주관식: 단답형 문제
서술,논술형: 상세히 해설을 서술하는 문제 (예시: ~에 대해 논리적으로 서술하시오.) </문항 형태>
###

 **ChatGPT**

아래는 중학교 3학년 학생들을 대상으로 한 이차방정식의 다양한 형태의 문항입니다. 각 문항은 문항 내용과 문항 형태에 따라 제작되었습니다.

객관식 문제

문제: 이차방정식 $2x^2 - 4x - 6 = 0$의 해를 구하세요.

선지:

1. $x = 3, x = -1$
2. $x = -3, x = 1$
3. $x = 3 \pm \sqrt{5}$
4. $x = -3 \pm \sqrt{5}$
5. $x = 1 \pm \sqrt{2}$

진위형 문제

문제: 이차방정식 $x^2 - 6x + 9 = 0$은 중근을 갖는다. (O/X)

정답: O

주관식 문제

문제: 이차방정식 $3x^2 - 12x + 12 = 0$을 해결하여 x의 값을 구하세요.

정답: $x = 2$

서술, 논술형 문제

문제: 이차방정식 $x^2 - 5x + 6 = 0$의 해를 구하고, 왜 그 해가 이차방정식의 해가 되는지 팩토링 과정을 통해 상세히 설명하시오.

해설 요구: 이 문제에서는 이차방정식의 팩토링 방법을 사용하여 $x^2 - 5x + 6$을 $(x - 2)(x - 3)$로 분해하는 과정을 설명해야 합니다. 이어서, 이 방정식이 왜 $x = 2$와 $x = 3$에서 해를 갖는지, 각 항을 0으로 만드는 과정을 자세히 서술해야 합니다.

이 문제들은 학생들에게 이차방정식의 다양한 해결 방법과 그 이유를 이해하도록 돕는 데 유용하며, 다양한 형태의 문항을 통해 학습의 흥미와 이해도를 높일 수 있습니다.

☀ 오개념 활용하기

❶ 오개념 유형 확인하기

수학을 학습하면서 학생들은 다양한 오개념을 가질 수 있습니다. 이러한 오개념은 학생들이 문제를 반복해서 풀어도 개선되지 않을 수 있으며 오히려 잘못된 개념이 더 깊이 자리 잡게 될 수도 있습니다. 따라서 학생들이 가진 오개념을 진단하고 바로잡는 것이 중요합니다.

챗GPT는 이러한 과정에서 유용하게 활용될 수 있습니다. 교사는 자주 나타나는 오개념을 프롬프트로 입력하여 해당 오개념과 관련된 문항을 생성하도록 요청할 수 있습니다. 또한 챗GPT는 오개념과 관련된 문항에 대한 피드백도 제공합니다. 오개념에 대한 피드백을 통해 학생들은 자신의 오류를 파악하고 바로잡을 수 있습니다. 이를 통해 학생들은 자신이 가진 오개념을 확인하고 이를 교정하여 개념에 대한 깊이 있는 이해로 나아갈 수 있습니다.

아래와 같이 프롬프트를 입력하면 챗GPT는 이차방정식에서 학생들이 갖는 오개념이나 자주 실수하는 유형을 생성합니다. 특히 8번 '단위 혼동'의 경우, 성취수준이 높은 학생들도 흔히 실수하는 부분입니다. 챗GPT가 생성한 오개념 유형은 수학 교사의 눈으로 보았을 때에도 부족하지 않은 수준입니다. 이러한 오개념을 바탕으로 문항 제작을 요청하면 챗GPT는 이와 관련된 문항을 만들고 피드백을 제공합니다.

You

당신은 중학교 3학년을 가르치는 수학 교사입니다.
이차방정식에서 학생들이 헷갈려할 만한 오개념이나 실수들을 설명해 주세요.

ChatGPT

이차방정식을 가르칠 때 학생들이 헷갈려할 수 있는 오개념이나 실수는 여러 가지가 있습니다. 아래에 몇 가지를 나열해 보겠습니다.

1. 계수의 실수 혼동: 이차방정식의 계수 a, b, c가 각각 어떤 역할을 하는지 혼동하는 경우가 많습니다. 특히, a가 0이 되면 방정식이 이차가 아니라 선형이 되는 것을 간과하거나, b와 c의 역할을 혼동하여 근의 공식에 잘못 적용하는 실수를 범할 수 있습니다.

2. 판별식 오류: 판별식 $D = b^2 - 4ac$ 의 계산 오류로 인해 해의 존재 여부와 종류를 잘못 판단하는 경우가 많습니다. 예를 들어, 판별식을 잘못 계산하여 실수 해가 있음에도 불구하고 해가 없다고 잘못 결론 내리기도 합니다.

3. 근의 공식 적용 오류: 근의 공식 $\frac{-b \pm \sqrt{b^2-4ac}}{2a}$ 적용 시, 루트 안의 값 $b^2 - 4ac$ 의 계산 오류, 분모의 2a를 잘못 적용하는 등의 오류가 발생합니다. 이는 부정확한 해를 도출하게 만듭니다.

4. 분배 법칙 무시: 이차식을 간소화하거나 전개할 때 분배 법칙을 적용하지 않아 식을 잘못 전개하는 경우가 있습니다. 이로 인해 전체 방정식의 형태가 잘못되어 정확한 해를 찾지 못할 수 있습니다.

5. 이차항 무시: 문제 해결 과정에서 x^2 같은 이차항을 무시하고 선형 방정식처럼 다루는 경우, 방정식의 근본적인 특성을 간과하여 잘못된 해를 얻게 됩니다.

6. 정수 해와 실수 해 혼동: 일부 학생들은 모든 이차방정식이 정수 해를 가질 것이라고 잘못 생각하며, 실수 해가 존재할 수 있음을 무시합니다. 이는 특히 대수적 해법을 적용할 때 오류를 낳을 수 있습니다.

7. 근과 계수의 관계 무시: 비에타의 공식과 같이 근과 계수 간의 관계를 활용할 수 있는데, 이를 무시하고 복잡한 계산으로만 문제를 해결하려는 경향이 있습니다. 이는 불필요한 시간 소비와 오류를 초래할 수 있습니다.

8. 단위 혼동: 문제에서 제공된 단위를 잘못 해석하거나, 단위 변환을 올바르게 수행하지 않아 계산 결과에 오류가 생기는 경우입니다. 이는 물리적 문제에서 더 자주 발생할 수 있습니다.

9. 부등호 적용 오류: 이차부등식을 풀 때 부등호의 방향을 잘못 적용하는 실수를 범할 수 있습니다. 예를 들어, 양변을 곱하거나 나눌 때 부등호의 방향을 뒤집지 않는 등의 오류입니다.

10. 복소수 해 무시: 판별식이 음수일 때 실수 해가 없고 복소수 해가 존재함에도 불구하고, 복소수 해의 존재 가능성을 완전히 무시하는 경우가 있습니다. 이는 학생들이 복소수의 개념에 익숙하지 않기 때문일 수 있습니다.

이러한 오개념이나 실수들을 인지하고 명확히 설명해 준다면 학생들이 이차방정식에 대한 더 깊은 이해를 가질 수 있을 것입니다.

❷ 오개념을 활용하여 문항을 생성하게 합니다

구체적으로 수학의 특정 단원을 제시하고 이와 관련된 오개념을 프롬프트로 입력합니다. 다음 프롬프트는 오개념과 관련된 문항을 만들고 적절한 피드백을 제공하게 합니다.

You

설명한 오개념들을 선지로 활용해서 이차방정식 문제를 만들려고 합니다. 다음 조건에 따라 만들어 주세요.

<조건>

1. 기초적인 이차방정식 문제로 만든다.

2. 위의 오개념 중 1, 2, 3, 5번을 이용해서 학생들의 실수를 예상하여 선지를 만든다.

3. 5지선다 문항으로 만든다.

4. 해설을 만든다.

ChatGPT

다음은 기초적인 이차방정식 문제로, 학생들이 흔히 저지를 수 있는 실수를 선지에 반영한 예시입니다.

문제: 이차방정식 $x^2 - 6x + 8 = 0$의 해를 구하시오.

선지:

1. x= 2, x= 4

2. x= 3± $\sqrt{2}$

3. x= −2, x= −4 (계수의 실수 혼동)

4. 방정식의 해는 없다. (판별식 오류)

5. x= 3 (이차항 무시)

해설:

이차방정식 $x^2 - 6x + 8 = 0$을 풀기 위해 먼저 판별식 $D = b^2 - 4ac$ 를 계산합니다. 이때, a= 1, b= −6, c= 8이므로, $D = (-6)^2 - 4 \times 1 \times 8 = 36 - 32 = 4$ 입니다. 판별식이 양수이므로, 두 개의 실수 해가 존재합니다.

근의 공식 $\frac{-b \pm \sqrt{b^2 - 4ac}}{2a}$ 을 사용하여 해를 구하면, $\frac{6 \pm \sqrt{4}}{2} = \frac{6 \pm 2}{2}$ 이므로, x= 4 또는 x= 2 입니다. 따라서 올바른 해는 **1번 (x= 2, x= 4)**입니다.

여기에 만들어진 문항은 오개념을 활용하여 기초 문항을 생성한 것으로 이차방정식의 근을 구하는 문항입니다. 프롬프트에서 제시한 오개념 1, 2, 3, 5를 매력적인 선지로 제공하였습니다.

디지털 평가의 장점 중 하나는 문항별, 선지별 피드백을 구조화하여 모델링한 뒤, 학생의 수준에 맞게 피드백을 제공할 수 있다는 점입니다. 특히 수학 문항의 개발에서 오개념과 관련된 선지를 설계하여 평가를 시행한 뒤 오개념에 대한 피드백을 제공하거나 챗GPT를 활용하여 오개념과 관련된 문항을 생성하여 처방적 피드백을 제공하면 학생들로 하여금 오개념을 효과적으로 교정하도록 할 수 있습니다.

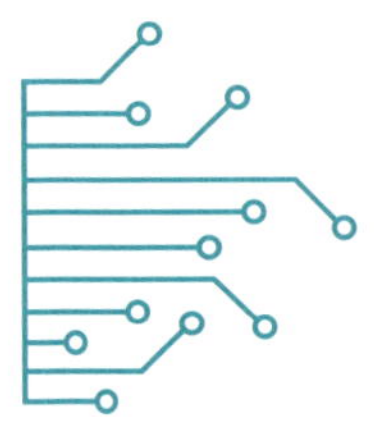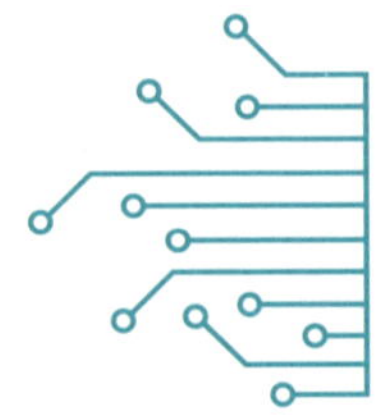

사회, 과학

사회과와 과학과의 평가에서는 지식을 주로 다룹니다. 따라서 두 과목의 문항 개발 방법을 서로 참고하면 좋습니다. 여기에서는 기출 문항이나 학습 자료 PDF를 활용하여 문항을 개발하는 방법과 성취기준 및 이미지 등 멀티미디어 자료를 활용하여 문항을 개발하는 방법을 포함합니다. 챗GPT에 포함된 언어 모델은 지식의 구조를 가지고 있지는 않지만 사용자가 정교한 프롬프트를 입력하면 확률 분포의 형태로 표현된 방대한 정보의 그물망으로부터 원하는 정보를 얻을 수 있습니다. 사회과나 과학과의 경우 성취기준에서 정한 지식의 구조와 범위가 교과서나 기출 문제 등으로 표현되어 있습니다. 즉 추상적이고 비가시적인 교과의 지식이 구체적이고 가시적인 텍스트, 이미지, 구조도 등으로 표현된 것입니다. 여기에 챗GPT에게 특정한 범위의 지식 구조가 표현된 자료를 맥락으로 제시하면 특정한 지식 구조나 개념에 대해 사용자가 원하는 형태로 정보를 표현하게 할 수 있습니다. 이를테면 교과서의 내용이나 평가 문항을 맥락으로 제시한 뒤 이를 토대로 문항을 생성하게 하는 것입니다.

특히 과학과의 경우 내용 교과 중 국가별 고유성이 크게 작용하지 않는 보편적인 교육과정 내용을 가지고 있다는 특성이 있습니다. 예를 들어 우리나라의 과학과 교육과정이나 미국의 NGSS_{Next Generation Science Standards}에서 다루는 과학 교육의 내용이 대부분 일치합니다. 따라서 두 나라의 과학과 교육과정을 연계하여 문항을 개발할 수 있습니다. 특히 챗GPT는 영어 텍스트를 주로 학습하였으므로 두 국가의 과학과 교육과정을 연계하기 수월합니다. 우리의 성취기준과 미국의 과학 교육 표준인 NGSS을 연계한 문항 생성을 요청하면 챗GPT는 그에 맞는 타당하고 다양한 문항을 잘 생성해 냅니다.

✳ PDF, 이미지 활용하기

여기서는 교육부 웹사이트인 에듀넷 티클리어에 탑재된 초등 6학년 사회 문항을 활용하여 사회 과목 문항을 생성해 보겠습니다.

❶ PDF 형식의 평가자료 업로드하기

프롬프트 입력창 좌측에 있는 클립 모양의 파일 첨부 버튼을 누르고 PDF 형식의 평가 자료를 업로드합니다.

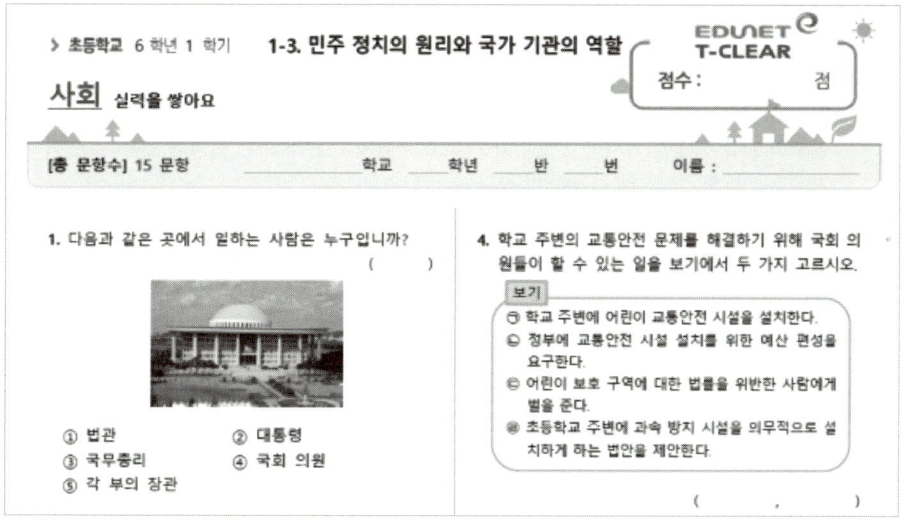

에듀넷 티클리어 초등 6학년 사회 평가 자료

❷ 문서의 개요를 제시하게 하기

챗GPT에게 문서의 내용 중 '국회' 관련 내용을 분석하여 개요를 제시하도록 합니다. 이러한 절차는 맥락을 한정하고 PDF 파일에 포함된 평가 내용을 중심으로 새로운 문항을 생성하도록 합니다.

You

첨부한 문서에서 '국회'에 대한 학습 내용을 분석하여 개요를 제시해 주세요.

ChatGPT

문서에서 "국회"에 대한 학습 내용을 기반으로 개요를 제시하겠습니다:

국회 의원의 역할:

국회 의원들이 일하는 곳에서 일하는 사람을 판별하는 문항이 있습니다.

학교 주변의 교통안전 문제를 해결하기 위한 방안을 제시하는 문항이 있습니다. 예를 들면, 교통안전 시설 설치 요구, 예산 편성 요구 등이 있습니다.

국회의 역할:

국회에서 하는 일에 대한 신문 기사를 통해 학습하는 문항이 있습니다.

국회의 주요 역할로는 정부의 일을 법에 따라 잘하고 있는지 확인하고, 공무원에게 질문하거나 잘못된 일을 바로잡도록 요구하는 것이 있습니다.

정부와 국회:

정부의 주요 정책을 심사하고 토의하는 최고의 심의 기관에 대한 설명이 있습니다. 이 기관에는 대통령, 국무총리, 각 부의 장관 등이 참석합니다.

이 개요는 문서에서 "국회"에 관련된 학습 내용을 기반으로 작성되었습니다. 추가적인 정보나 분석이 필요하시면 알려 주세요!

❸ 문항 생성 프롬프트 입력하기

문항 유형, 형식, 자료, 선지에 대한 조건을 포함한 문항 생성 프롬프트를 입력합니다.

You

첨부한 문서에서 제시한 학습 요소에 기반하여 [국회]에 대한 평가 문항을 생성해 주세요. 다음 조건을 참조해 주세요.:
1. 문서의 문항 유형과 동일한 문장 형식 사용.
2. 문항 유형: 선다형(5지선다), 단답형
3. 자료: 이미지(이미지에 대한 설명), 뉴스, 개념
4. 선지: 입법부, 사법부, 행정부의 지식을 사용해서 매력적인 오답(attractive distractor)을 생성
5. 출력: 문두, 자료, 선지, 정답, 해설

문두: 다음 뉴스 기사를 읽고, 국회의 주요 역할에 대한 설명으로 가장 적절한 것을 고르시오.
자료 (뉴스): "국회는 오늘 새로운 교육법안을 통과시켰다. 이 법안은 국민들의 교육에 대한 권리를 강화하며, 교육 기관의 투명성을 높이기 위한 것이다."
선지:
① 국회는 법률을 제정하고 개정한다.
② 국회는 법률을 해석하고 판결한다.
③ 국회는 국민들의 교육에 대한 권리를 보장한다.
④ 국회는 국민들의 투표를 통해 대통령을 선출한다.
⑤ 국회는 국가의 예산을 관리하고 승인한다.
정답: ①
해설: 국회의 주요 역할 중 하나는 법률을 제정하고 개정하는 것이다. 뉴스 기사에서도 국회가 새로운 교육법안을 통과시켰다고 언급되었다.

문항 2 (단답형)

문두: 다음 이미지를 보고, 국회의 건물 이름을 쓰시오.
자료 (이미지에 대한 설명): 대한민국의 국회 건물 전경. 큰 돔과 기둥이 특징인 건물로, 앞에는 국기가 게양되어 있다.
선지: (단답형 문항이므로 선지 없음)
정답: 국회의사당
해설: 대한민국의 국회 건물은 '국회의사당'으로 불린다.

첫 문항은 뉴스 자료를 활용하여 국회의 기능을 묻는 선다형 문항을 생성하였습니다. 그리고 두 번째 문항은 사진 자료를 활용하여 국회 의사당을 묻는 단답형 문항을 생성하였습니다.

❹ 문항에 이미지 삽입하기

2024년 기준으로 GPT-4는 멀티모달 모델로 사용자의 프롬프트에 따라 이미지를 생성할 수 있습니다. 그러나 이 서비스는 우리의 평가 관습에 맞는 이미지를 검색하거나 생성하지 못하는 것이 현실입니다. 따라서 챗GPT가 생성한 문항에서 그림에 대한 설명을 참조하여 문항 등록 단계에서 구글폼의 이미지 검색 기능을 활용하는 것이 현실적 대안이 될 수 있습니다. 아래는 구글폼에서 이미지를 탐색하고 삽입하는 절차입니다.

① 구글폼의 '그림' 아이콘을 클릭하면 '이미지 삽입' 팝업창이 열립니다.

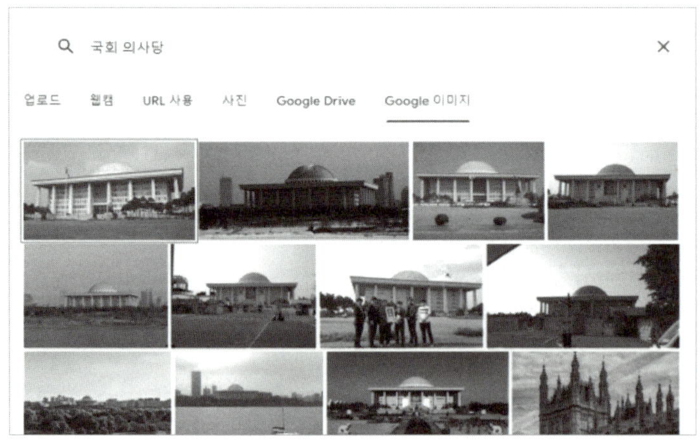

② 최우측 [Google 이미지] 탭을 클릭하면 이미지 검색창이 활성화됩니다. '국회 의사당'을 입력하면 웹상의 국회 의사당 관련 이미지가 검색되는데 그중 적절한 이미지를 클릭하여 [삽입] 버튼을 누르면 문항에 이미지가 입력됩니다. 동영상을 문항에 삽입하는 방법은 186쪽 '옵션 활용하기'를 참고하세요.

구글 폼에서 이미지를 삽입한 문항 예시

구글 이미지를 검색하여 문항에 활용하거나 웹 상에서 이미지 파일을 다운로드 받아 문항에 활용할 때에 이미지 저작권을 반드시 확인해야 합니다. 대표적인 라이선스로 크리에이티브 커먼즈 라이선스와 상업 및 기타 라이선스가 있습니다. 교육과 같은 비상업 목적의 경우 크리에이티브 커먼즈 라이선스를 사용할 수 있습니다.

☀ 해외 성취기준 활용하기

우리나라의 과학과 교육과정과 미국의 NGSS^{Next Generation Science Standards}의
과학 교육 내용은 대부분 일치합니다. 물론 학교급이나 학년 수준, 다루는 지
식의 범위와 깊이에서 차이가 있지만 두 나라의 과학과 교육과정을 연계하여
문항을 개발할 수 있습니다. 지필평가 위주의 평가 문항에서 벗어나 시나리오,
프로젝트 기반 문항을 생성하기 위해 챗GPT로 하여금 해외의 교육과정과 데
이터를 참고하도록 한다는 의미가 있습니다.

미국의 국가 수준 교육 기준은 과목별로 이름이 다양합니다. 각 교과의 평가문항을 제작하고
자 할 때 챗GPT에게 다음의 기준을 참고하라고 요청해 보시면 좋습니다.

1. 과학: Next Generation Science Standards (NGSS)

2. 사회과: College, Career, and Civic Life (C3) Framework for Social Studies State
   Standards

3. 수학: Common Core State Standards for Mathematics (CCSSM)

4. 영어 언어 예술 (ELA): Common Core State Standards for English Language Arts &
   Literacy

5. 기술 & 컴퓨터 과학: International Society for Technology in Education (ISTE)
   Standards for Students

6. 체육: SHAPE America's National Standards & Grade-Level Outcomes for K-12
   Physical Education

7. 예술: National Core Arts Standards

8. 외국어: World-Readiness Standards for Learning Languages by the American
   Council on the Teaching of Foreign Languages (ACTFL)

9. 건강 교육: National Health Education Standards (NHES)

❶ 우리나라 성취기준을 입력하고 해외 성취기준 연계하기

성취기준은 우리 학생들이 달성해야 할 학습의 도달점과 기대 수준을 제시하고 있습니다. 이를 챗GPT에 일단 제공하면 챗GPT는 해당 성취기준에 보다 부합하는 문항을 생성할 가능성이 크게 높아집니다. 다음으로 우리나라의 성취기준이 담고 있는 내용 영역과 연계된 NGSS 표준을 제시하도록 챗GPT에 요청합니다. 이때 내장된 웹파일럿WebPilot을 사용하면 더 나은 결과를 얻을 수 있습니다. 이를 반영한 프롬프트는 다음과 같습니다.

You

당신은 중학교 지구과학 단원을 가르치는 과학교사입니다.
###<한국 중학교 과학과 성취기준>
[9과01-01] 지구계의 구성 요소를 알고, 지권의 층상 구조와 그 특징을 설명할 수 있다.
[9과01-02] 지각을 이루는 암석을 생성 과정에 따라 분류할 수 있으며, 암석의 순환 과정을 설명할 수 있다.
[9과01-03] 조암 광물의 주요 특성을 관찰하고, 암석이 다양한 광물로 구성되어 있음을 설명할 수 있다.
[9과01-04] 풍화 과정을 이해하고, 토양 생성 과정을 풍화 작용의 예로 설명할 수 있다.
[9과01-05] 대륙이동설을 이해하고 지진과 화산이 발생하는 지역의 분포를 판의 경계와 관련지어 설명할 수 있다.
</한국 중학교 과학과 성취기준>

위 성취기준을 바탕으로 <예시>와 같이 NGSS 관련 내용을 상세히 나열해 주세요.

<예시> MS-ESS2-2: Construct an explanation based on evidence for how geoscience processes have changed Earth's surface at varying time and spatial scales.</예시>###

ChatGPT

한국 중학교의 지구과학 성취기준을 바탕으로 NGSS(Next Generation Science Standards) 관련 내용을 예시와 같이 나열하겠습니다:

[9과01-01] 지구계의 구성 요소를 알고, 지권의 층상 구조와 그 특징을 설명할 수 있다.

MS-ESS2-1: Develop a model to describe the cycling of Earth's materials and the flow of energy that drives this process.

MS-ESS2-3: Analyze and interpret data on the distribution of fossils and rocks, continental shapes, and seafloor structures to provide evidence of the past plate motions.

[9과01-02] 지각을 이루는 암석을 생성 과정에 따라 분류할 수 있으며, 암석의 순환 과정을 설명할 수 있다.

MS-ESS2-2: Construct an explanation based on evidence for how geoscience processes have changed Earth's surface at varying time and spatial scales.

MS-ESS2-4: Develop a model to describe the cycling of water through Earth's systems driven by energy from the sun and the force of gravity.

[9과01-03] 조암 광물의 주요 특성을 관찰하고, 암석이 다양한 광물로 구성되어 있음을 설명할 수 있다.

MS-ESS3-1: Construct a scientific explanation based on evidence for how the uneven distributions of Earth's mineral, energy, and groundwater resources are the result of past and current geoscience processes.

[9과01-04] 풍화 과정을 이해하고, 토양 생성 과정을 풍화 작용의 예로 설명할 수 있다.

MS-ESS2-5: Collect data to provide evidence for how the motions and complex interactions of air masses result in changes in weather conditions.

MS-ESS3-3: Apply scientific principles to design a method for monitoring and minimizing a human impact on the environment.

[9과01-05] 대륙이동설을 이해하고 지진과 화산이 발생하는 지역의 분포를 판의 경계와 관련지어 설명할 수 있다.

MS-ESS2-6: Develop and use a model to describe how unequal heating and rotation of the Earth cause patterns of atmospheric and oceanic circulation that determine regional climates.

MS-ESS3-2: Analyze and interpret data on natural hazards to forecast future catastrophic events and inform the development of technologies to mitigate their effects.

이러한 NGSS 기준은 학생들이 지구과학의 핵심 개념을 이해하고, 실제 세계의 현상과 연결하여 과학적 사고와 문제 해결 능력을 키우는 데 도움을 줍니다.

이 프롬프트를 살펴보면 중학교 지구과학 과목에서 지구계, 지각, 암석 및 대류이동설에 해당하는 성취 수준과 관련 NGSS의 예시 MS-ESS2-2를 프롬프트로 제시하고, 성취 수준별 NGSS와의 연결을 제공해 주었습니다. 이를 통해 출제자는 챗GPT를 활용해 우리 성취 수준에서 벗어나지 않는 NGSS와 연계한 문항을 생성할 수 있습니다.

❷ 해외 성취기준과 연계하여 문항 생성하기

NGSS와 연계한 평가 영역에 기반하여 문항을 생성하는 프롬프트는 다음과 같습니다. 이 프롬프트는 내장된 검색 기능을 활용하여 문항을 검토하는 과정을 포함하는데 이 검색 기능을 통해 문항을 검토하는 이유는 웹의 정보를 활용하여 보다 더 정확한 정보를 활용하기 위해서입니다.

다음 프롬프트에서는 성취수준과 NGSS를 활용하여 미국 과학 문항 유형을 제작하도록 하였고, 선지별 해석 및 매력적인 오답을 생성하도록 지시하였으며, 마지막으로 정답과 오답의 명확성을 강조하여 이를 확인하도록 세부 지침을 제시하였습니다. 그 결과 생성한 문항을 살펴보면 암석의 생성 과정에 따른 올바른 분류와 그 특징에 대한 설명을 연결하는 문항을 생성하였습니다. 이 문항은 [9과01-02] 성취수준을 적용한 좋은 문항이라고 할 수 있습니다.

GPT-4에는 웹 기능이 내장되어 있습니다. 프롬프트에 웹 기능 관련 내용을 포함하면 웹에서 키워드를 검색하고, 특정 웹 페이지에서 정보를 처리할 수 있습니다. 또한 특정 정보에 대한 링크(direct link)를 제공하도록 요구할 수 있습니다.

You

당신은 중학교 지구과학 단원을 가르치는 과학교사입니다. 앞서 제시한 성취기준 [9과 01-02]에 대한 문항을 아래 규칙에 맞게 생성해 주세요. 문항 생성 후 문항 내용을 웹에서 검색하여 검토하세요.

###

<규칙>

1. 문제 길이: 500token이상

2. 문항의 구성: NGSS에 따른 미국 중학교 과학 문항 유형을 참고하여 한국어로 생성

3. 문항 유형: 5지선다형

4. 해설: 선지별로 해석하고 반드시 매력적인 오답을 만들 것

5. 한국 중학교 성취수준을 넘어서지 않는 범위에서 제작

6. 명확한 정답과 오답 생성

###

ChatGPT

Searched 3 sites

문제

학생들은 미국 콜로라도 주의 고산 지대를 탐험하며 다양한 유형의 암석을 수집합니다. 이들 암석은 각기 다른 형성 과정을 거쳐 형성되었으며, 암석 순환 과정에서 중요한 역할을 합니다. 학생들이 수집한 암석은 화강암, 석회암, 현무암, 사암, 및 셰일입니다. 이 암석들을 그들의 형성 과정에 따라 분류하고, 암석 순환 과정에서의 위치를 설명하는 것이 이번 실험의 목적입니다.

다음 중 올바르게 분류되지 않은 암석과 그 형성 과정의 조합을 선택하세요.

A) 화강암 – 마그마가 지하 깊은 곳에서 천천히 식어서 굳어진 화성암

B) 석회암 – 해양 생물의 잔해가 쌓여 압축되어 형성된 퇴적암

C) 현무암 – 지표 가까이에서 빠르게 식어서 굳어진 화성암

D) 사암 – 바람이나 물에 의해 운반된 모래가 압축되어 형성된 퇴적암

E) 셰일 – 토양층 아래에서 일어난 화학적 반응으로 형성된 변성암

정답: E

해설:

A (정답): 화강암은 지하 깊은 곳에서 천천히 식어서 굳어지는 화성암입니다. 이 설명은 정확합니다.

B (정답): 석회암은 주로 해양 생물의 잔해가 쌓이고 압축되어 형성되는 퇴적암입니다. 이 설명 또한 정확합니다.

C (정답): 현무암은 지표 가까이에서 빠르게 식어서 굳어지는 화성암으로, 이 설명은 올바릅니다.

D (정답): 사암은 바람이나 물에 의해 운반된 모래가 압축되어 형성된 퇴적암입니다. 이 또한 정확한 분류입니다.

E (오답): 셰일은 변성암으로, 기존의 암석이 열과 압력을 받아 변형되어 새로운 암석이 형성되는 과정에서 만들어집니다. 토양층 아래에서 일어나는 화학적 반응으로 형성된다는 설명은 잘못된 정보입니다. 이는 오답으로서 매력적인 설명입니다.

검토

이제 웹에서 문항 내용을 검색하여 검토하겠습니다. 검토는 해당 문항의 정확성과 고유성을 확인하는 데 도움이 됩니다. 검토 후 결과를 공유하겠습니다.

제가 만든 문항과 관련된 내용을 검토한 결과, 문항에 나온 암석들의 형성 과정에 대한 설명이 정확한 것으로 확인되었습니다. 암석의 분류와 특징에 대해 몇 가지 웹 자료에서도 유사한 설명을 찾을 수 있었습니다:

화강암은 지하 깊은 곳에서 천천히 식어서 굳어지는 화성암으로, 그 형성 과정이 정확하게 설명되어 있습니다 (Geology Science).

석회암은 해양 생물의 잔해가 축적되고 압축되어 형성되는 퇴적암으로, 그 특성과 용도에 대한 자세한 정보가 여러 웹 자료에서 제공되고 있습니다 (Geology Science) (네이버 블로그).

현무암과 사암에 대한 설명도 해당 암석들이 각각 신속하게 냉각하여 굳어지는 화성암과, 입자가 압축되어 형성되는 퇴적암으로 분류되는 것이 적절하게 기술되어 있습니다 (Geology Science).

이 정보들은 문항에서 제시된 설명과 일치하며, 특히 석회암과 관련된 상세한 내용은 학생들에게 암석의 다양한 용도와 지질학적 중요성을 이해하는 데 도움이 될 것입니다. 셰일에 대한 설명은 변성암으로서 열과 압력의 영향을 받아 형성된다는 점을 명확히 하여 오답의 매력을 높이면 좋을 것 같습니다.

❸ 다양한 형태의 문항 생성하기

앞선 과정을 바탕으로 이제는 성취기준과 NGSS를 연계한 프롬프트를 활용하여 다양한 형태의 문항을 생성할 수 있습니다. 우리나라의 경우 지필 평가 위주의 학교 환경에 의해 실제 평가에서 활용되는 문항 유형이 다양하지 않습니다. 반면 미국의 경우 훨씬 더 다양한 문항 유형을 실제 교실 수업에서 활용하고, 시나리오 기반 및 프로젝트 형태의 평가도 사용합니다. 따라서 미국의 NGSS와 연계하여 문항을 생성하도록 하면 보다 더 다양하고 풍부한 문항을 생성할 수 있습니다. NGSS와 연계하여 다양한 문항 유형을 생성하는 프롬프트는 다음과 같습니다.

 **You**

위의 평가 요소에 대해 다음 조건을 고려하여 문항을 생성하세요.

<조건>

1. 개방형, 참/거짓, 데이터 분석, 단답형, 매칭, 토론, 도표 해석, 확장 응답, 시나리오, 서술형 유형의 문항을 만들어 주세요.

2. 문항별로 해설을 구체적으로 만들어 주세요.

3. 학생들이 오개념을 개선하기 위한 문항으로 만들어 주세요.

4. 난이도 중 수준으로 만들어 주세요.

 **ChatGPT**

1. 개방형

문항: 지구의 지각을 구성하는 암석들은 어떻게 생성되나요?

해설: 화성암, 퇴적암, 변성암의 생성 과정을 포함하는 것이 중요합니다. 오개념으로 화성암이 풍화로 생성된다거나 퇴적암이 마그마에서 직접 생성된다는 것은 잘못된 정보입니다.

2. 참/거짓

문항: 변성암은 지표면에서 직접 노출된 마그마가 굳어져 생성되는 암석이다. (참/거짓)

해설: 거짓. 변성암은 다른 암석이 지하의 높은 온도와 압력에 의해 변화하여 생성되는 암석입니다.

3. 데이터 분석

문항:

암석　|광물 함량 (%)

A　|45

B　|60

C　|50

다음은 세 가지 암석의 광물 함량을 나타낸 표입니다. 가장 적은 광물을 함유하고 있는 암석은 무엇인가요?

해설: A 암석이 45%의 광물 함량으로 가장 적은 광물을 함유하고 있습니다.

4. 단답형

문항: 지하의 높은 온도와 압력에 의해 다른 암석이 변화하여 생성되는 암석의 이름은 무엇인가요?

해설: 변성암. 오개념으로 화성암이나 퇴적암이라고 답하는 것은 잘못된 정보입니다.

5. 매칭

문항: 다음 암석의 종류와 그 설명을 매칭하세요.

화성암

퇴적암

변성암

a. 다른 암석이 지하의 높은 온도와 압력에 의해 변화하여 생성된 암석

b. 지하에서 녹아있던 마그마가 굳어져 생성된 암석

c. 다른 암석의 잔해나 미네랄 입자들이 물에 의해 운반되어 쌓이면서 생성되는 암석

해설: 1-b, 2-c, 3-a. 오개념으로 1-a, 2-b, 3-c와 같이 매칭하는 것은 잘못된 정보입니다.

6. 토론

문항: 지구의 지각 변동과 관련하여 대륙이동설의 중요성에 대해 토론해보세요.

해설: 대륙이동설은 지구의 지각 변동과 관련된 주요 이론 중 하나로, 지진, 화산 활동 및 대륙의 형태와 위치 변화와 같은 다양한 지질 현상을 설명하는 데 중요한 역할을 합니다. 오개념으로 대륙이동설이 지진이나 화산 활동과 관련이 없다고 생각하는 것은 잘못된 정보입니다.

7. 도표 해석

문항:

암석 　| 경도 (Mohs scale)

A　 | 7

B　 | 5

C　 | 6

다음 도표는 세 가지 암석의 경도를 나타냅니다. 가장 부드러운 암석은 무엇인가요?

해설: B 암석이 Mohs scale 5로 가장 부드럽습니다.

8. 확장 응답

문항: 지구의 풍화 과정과 토양 생성 과정에 대해 자세히 설명하고, 두 과정이 어떻게 연결되는지 설명하세요.

해설: 풍화는 지구의 표면에 있는 암석이나 토양이 환경적 요인에 의해 분해되는 과정을 말하며, 이로 인해 생성된 물질들이 쌓여 토양이 형성됩니다. 따라서 풍화는 토양 생성의 첫 단계로 볼 수 있습니다.

9. 시나리오 형태

문항: 지구과학자인 당신은 화산 활동이 활발한 지역에서 암석을 조사하고 있습니다. 조사 중 발견한 암석이 화성암이라는 것을 어떻게 알 수 있을까요?

해설: 화성암은 지하에서 녹아있던 마그마가 굳어져 생성되는 암석으로, 그릇 모양의 크리스탈, 고르게 분포된 미네랄, 유리질의 질감 등의 특징을 가집니다. 이러한 특징을 통해 화성암을 판별할 수 있습니다.

10. 서술형

문항: 대륙이동설에 대해 자세히 서술하고, 이를 지진과 화산 활동과 어떻게 연결지을 수 있는지 설명하세요.

해설: 대륙이동설은 대륙이 지구 상에서 움직이고 있다는 이론으로, 이 움직임은 지진과 화산 활동의 원인 중 하나로 볼 수 있습니다. 대륙의 움직임에 따라 지각 판이 충돌하거나 떨어져 나가면서 지진이나 화산 활동이 발생합니다.

이 프롬프트는 다양한 문항 유형의 생성을 요구하였고 이에 챗GPT는 성취기준에 맞는 10가지 형태의 문항을 생성하였습니다. 3번 데이터 분석과 7번 도표해석 문항은 단순히 높은 수치를 파악하면 해결할 수 있는 문항이었으나 1, 6, 8, 9, 10번과 같은 문항은 수행평가로도 가능하며 다양한 사고와 토론이 가능한 좋은 문항으로 볼 수 있습니다.

이와 같이 하나의 평가 요소에 대해 다양한 유형의 문항을 생성하여 제한된 선다형 문항의 반응뿐만 아니라 여러 유형의 반응을 얻을 수 있습니다. 이러한 정보는 해당 평가 요소에 대한 학생의 성취수준을 평가할 수 있는 증거가 됩니다. 이를테면 데이터 분석과 도표 해석 문항은 중학생들에게 기본적인 해석 능력을 키울 수 있고, 개방형 문항과 시나리오 문항을 통해 학생들의 깊은 사고를 촉진시킬 수 있습니다. 이러한 문항 유형의 다변화는 평가 타당도를 높이는 한 방법이 될 수 있습니다.

☀ 달리(Dall-e) 이미지 활용하기

과학 교과의 평가는 실제 자연 세계를 대상으로 삼고, 과학적 개념을 이미지로 설명하는 경우가 많습니다. 따라서 과학과의 평가 문항 역시 이미지를 포함하여 문항을 설계하는 경우가 흔합니다.

챗GPT는 달리(Dall-e)를 활용하여 스스로 이미지를 생성하거나 웹의 이미지를 활용하는 방법을 통해 이미지를 포함한 문항을 생성할 수 있습니다. 달리는 오픈AI에서 개발한 인공지능 이미지 생성 모델이며 텍스트 기반의 지시에 따라 사실적이고 상세한 이미지를 생성할 수 있는 능력을 갖추고 있습니다. 이를 통해 고도화된 이미지 생성, 다양한 스타일과 주제, 개선된 해상도와 세부묘사, 창의적 응용이 가능합니다. 여기에서는 첫째, 챗GPT 4에서 달리를 이용해 문항을 제작하는 경우, 둘째로는 웹 검색을 통해 이미지 링크를 요청하는 방식을 활용하여 문항에 적합한 이미지를 포함하는 방법을 설명하겠습니다.

달리 사용하기 vs. 웹 검색 사용하기

달리를 활용한 이미지 생성의 경우 즉각적으로 이미지를 활용한 문항을 챗GPT에서 출력할 수 있으나 웹 검색을 활용한 이미지 문항은 링크가 제공된다는 점에서 차이가 있습니다. 어느 쪽이든 교과 지식에 대응하는 이미지를 활용한 평가 문항을 손쉽게 개발하도록 해 줌으로써 학생들에게 다양한 학습 경험을 제공할 수 있게 해 주고, 평가 유형의 다변화를 통해 평가 타당도를 높이는 데 기여하도록 해 줍니다.

You

앞선 내용을 참조하고, 다음 조건을 고려하여 중학교 지구과학 단원의 문항을 생성하세요.

<조건>

1. 문항의 길이: 500token이상

2. 문항의 구성: 한국 과학 과목 성취기준과 NGSS에 부합하는 문항 유형을 생성할 것

3. Dall-e를 활용해 교육용 이미지를 생성하고, 이미지를 활용한 문항을 생성할 것

4. 문항 유형: 5지선다형

5. 해설: 선지별로 해설을 제공하고 매력적인 오답을 제시할 것

5. 한국 중학교 성취수준의 범위 내에서 문항을 생성할 것

6. 한국어로 생성할 것

ChatGPT

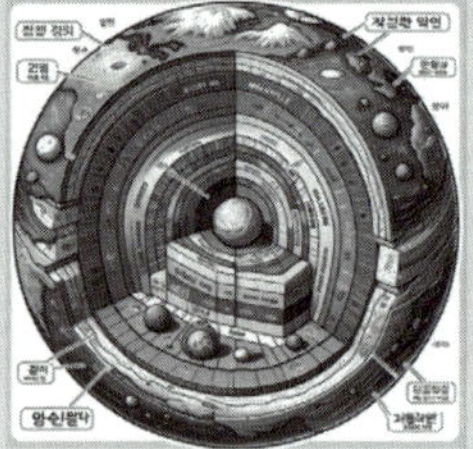

문제: 지구의 구조에 대한 이해

다음은 지구의 여러 층을 나타내는 그림입니다. 각 층의 이름과 특징을 바탕으로 아래 질문에 답하십시오.

[그림 설명]

지구의 다양한 층이 명확하게 표시된 교육용 이미지입니다. 이 그림은 지구의 지각, 맨틀, 외핵, 내핵을 포함하고 있으며, 각 층의 이름이 한글로 표시되어 있습니다.

문항

지구의 내부 구조를 고려할 때, 어떤 층이 가장 높은 온도와 압력을 겪고 있으며, 주로 철과 니켈로 구성되어 있는가?

1. 지각

2. 맨틀

3. 외핵

4. 내핵

5. 대기권

달리를 사용해 생성한 지구의 지각에 관한 문항은 이미지에 한글이 완벽하게 적용되지 않는 단점이 있지만, 링크를 통하지 않고 직접 적용 가능한 이미지를 생성한다는 큰 장점을 가지고 있습니다. 이러한 기능은 교사가 학생들에게 시각적 자료를 신속하게 제공하는 데 매우 유용합니다.

챗GPT 4의 달리(Dall-e)를 이용하여 제작한 문항을 챗GPT 4에 내장된 웹 검색 기능으로 검토하게 하면 문항의 정확성을 높일 수 있습니다.

둘째, 챗GPT 4에 내장된 웹 기능을 통해 이미지 링크를 요청하는 방식으로 문항에 적합한 이미지를 포함하는 방법

위 프롬프트에서 '교육용 이미지를 웹에서 검색하여 링크direct link를 제시할 것'을 추가하여 웹 검색을 통해 이미지를 제공하도록 합니다.

You

앞선 내용을 참조하고, 다음 조건을 고려하여 중학교 지구과학 단원의 문항을 생성하세요. 문항 생성 후 문항 내용을 웹에서 검색하여 검토하세요.

<조건>

1. 문항의 길이: 500token이상
2. 문항의 구성: 한국 과학 과목 성취기준과 NGSS에 부합하는 문항 유형을 생성할 것
3. 교육용 이미지를 웹에서 검색하여 링크(direct link)를 제시할 것, 이미지를 활용한 문항을 생성할 것
4. 문항 유형: 5지선다형
5. 해설: 선지별로 해설을 제공하고 매력적인 오답을 제시할 것
5. 한국 중학교 성취수준의 범위 내에서 문항을 생성할 것
6. 한국어로 생성할 것

ChatGPT

Searched 4 sites

이제 중학교 지구과학 교육과정을 위한 문항을 만들어 보겠습니다. 주제는 지구의 지각 구조로 선택하였으며 교육적인 이미지를 활용할 예정입니다. 또한 이 문항은 한국의 중학교 과학 성취기준과 NGSS(Next Generation Science Standards)에 부합하도록 구성될 것입니다.

문항

아래의 이미지는 지구의 지각 구조를 나타낸 것입니다. 이미지를 참고하여 다음 질문에 답하십시오.

지구의 지각 구조 이미지 보기(이미지 링크)

지구의 지각 구조와 관련하여 다음 중 어느 것이 올바르지 않은가?

A) 지각는 지구의 가장 바깥쪽 층이며, 바다 아래에서는 약 8km 두께, 대륙 아래에서는 약 32km 두께를 가진다.
B) 맨틀은 지각 바로 아래에 위치하며, 주로 고체 상태의 마그마로 구성되어 있다.
C) 외부 핵은 지구의 중심에 가까운 부분으로 주로 액체 상태의 철과 니켈로 구성되어 있다.
D) 내부 핵은 지구의 중심부로, 액체 상태의 니켈과 철로 구성되어 있다.
E) 지각는 주로 화강암과 현무암으로 구성되어 있다.
E. 퇴적암 – 다른 암석이 지하의 높은 온도와 압력에 의해 변화하여 생성된 암석

해설

A) 정답 – 지각는 실제로 지구의 가장 바깥쪽 층입니다. 바다 아래의 지각 두께와 대륙 아래의 지각 두께 정보도 정확합니다. (Korea Science)

B) 정답 – 맨틀은 지각 바로 아래에 있으며, 뜨겁고 밀도가 높은 암석으로 구성되어 있습니다.
C) 정답 – 외부 핵은 지구의 중심에 가까운 액체 상태의 부분으로, 주로 니켈과 철로 구성되어 있습니다.
D) 오답 – 내부 핵은 고체 상태입니다, 액체 상태가 아닙니다.
E) 정답 – 지각는 주로 화강암과 현무암으로 구성되어 있습니다.

따라서, 올바르지 않은 진술은 D)입니다.

이미지가 링크 형태로 문항에 포함되어 있습니다. 이미지 링크를 클릭하여 문항에 부합하는 이미지인지 판단한 뒤 필요한 이미지를 다운로드 받았다가 추후 구글 폼에서 문항을 등록할 때 이용하면 됩니다.

이러한 프로세스는 이미지 활용 문항 생성을 아주 효율적으로 만들어 줍니다. 하지만 교사가 적절한 이미지를 선택하는 과정에서 주의를 기울여야 합니다. 이미지의 선택은 문항의 품질과 난이도, 그리고 문항에 대한 학생들의 이해도에 큰 영향을 미치기 때문입니다. 추가로 구글이나 유튜브 검색을 통해 이미지, 동영상을 삽입할 수도 있습니다. 방법은 186쪽 '옵션 활용하기'를 참고하세요.

웹 검색을 통해 생성된 링크의 이미지가 교육용이 아닐 수 있습니다. 이 경우 수정 요청 프롬프트를 입력하여 적합한 이미지 링크를 새로 받을 수 있습니다. 또한 생성된 링크가 유효하지 않은 경우가 있습니다. 이 경우에는 프롬프트를 다시 실행하여 유효한 링크가 생성될 때까지 확인해야 합니다.

최근 인지적 역량뿐만 아니라 정의적, 행동적 역량의 중요성이 높아짐에 따라 학교 현장에서도 지필평가와 함께 수행평가의 중요성이 강조되고 있습니다. 수행평가performance assessment는 학습자의 실제 학습 과정과 그 결과를 직접적으로 관찰하고 평가하는 방법으로, 전통적인 테스트만으로는 파악하기 어려운 학생의 문제 해결 능력, 창의력, 협업 능력 등을 평가하는 데 중요한 역할을 합니다. 수행평가는 학생이 지식을 실제 상황에 적용하거나 통합하는 능력을 확인할 수 있게 해, 교육의 질을 향상시키고 학습자의 다양한 능력 발휘를 도와줍니다. 이를 통해 교육과정이 학생 중심으로 이루어질 수 있으며, 학습의 실질적인 의미와 가치를 확보할 수 있게 됩니다.

여기에서는 챗GPT를 활용한 수행평가 개발과 채점 방법을 설명하겠습니다. 기본 아이디어는 수행평가의 기준이 되는 우리나라의 성취기준과 매칭될 수 있는 미국의 국가 교육과정 기준을 참고하는 것입니다. 왜냐하면 기본적으로 챗GPT는 영어 기반의 미국 문서를 주로 학습했기 때문에, 미국의 국가 교육과정 기준을 참고하여 과제를 구성하는 것이 다양하고 풍부한 결과를 가져올 수 있기 때문입니다. 물론, 우리나라의 성취기준을 바탕으로 수행평가 과제를 제작하는 것도 가능하지만 챗GPT가 가진 방대한 학습 데이터를 통해 다양하고 풍부한 수행평가 과제를 설계할 수 있습니다.

이 절에서 수행평가로 설계할 성취기준은 2022 개정 초등 과학과 교육과정의 "[4과16-03] 기후변화 대응 방법을 조사하고, 생활 속에서 기후변화 대응 방법을 실천할 수 있다."입니다. 먼저 앞서 소개한 것과 같이 이 성취기준과 연계될 수 있는 미국의 과학 교육 기준NGSS를 확인해 보겠습니다.

 **❶ 해외 성취기준 확인하기**

 **You**

당신은 한국의 초등교사입니다. 초등 4학년 과학 교과의 수행평가를 개발해 주세요. 먼저 아래 한국의 성취기준과 유사하거나 매칭되는 미국의 NGSS를 알려 주세요.:

"[4과16-03]기후변화 대응 방법을 조사하고, 생활 속에서 기후변화 대응 방법을 실천할 수 있다."

ChatGPT

한국의 성취기준 "[4과16-03]기후변화 대응 방법을 조사하고, 생활 속에서 기후변화 대응 방법을 실천할 수 있다."에 매칭되는 미국의 NGSS (Next Generation Science Standards)를 찾기 위해, 가장 가까운 표준을 찾아볼 수 있습니다.

해당 성취기준은 기후 변화에 대한 대응 방안을 탐색하고, 일상생활에서 어떻게 그 대응 방안을 적용할 수 있는지를 강조하고 있습니다. NGSS에서 관련 내용을 포함하고 있는 표준은 아래와 같습니다:

Middle School (MS) – Earth and Space Sciences (ESS)

MS-ESS3-3: Apply scientific principles to design a method for monitoring and minimizing a human impact on the environment.
MS-ESS3-5: Ask questions to clarify evidence of the factors that have caused the rise in global temperatures over the past century.

위의 표준들은 중학교 수준의 표준이긴 하지만, 기후 변화와 관련하여 인간의 영향을 모니터링하고 최소화하는 방법에 대해 학생들이 탐색하도록 설계되어 있습니다. 초등학교 수준에서는 내용을 단순화하여, 기후 변화에 대응하는 구체적인 방안들을 조사하고 실생활에 어떻게 적용할 수 있는지에 중점을 둔 수행평가를 개발할 수 있습니다.

❷ 학년 조건 한 번 더 언급하기

챗GPT가 생성한 답변을 보니 우리나라 성취기준에서 요구하는 능력과 유사해 보입니다. 그러나 제시한 NGSS는 모두 중학교 수준의 표준입니다. 초등학교에서 활용할 수 있는 과제를 생성하기 위해서 이 NGSS를 기준으로 수행평가 과제를 생성하되 학년에 대한 조건을 한 번 더 언급하겠습니다.

 **You**

이 NGSS 기준에 맞는 초등학교 4학년 수준의 수행평가 과제를 몇 가지 알려 주세요.

 **ChatGPT**

NGSS 기준을 참고하여 초등학교 4학년 수준의 수행평가 과제를 제안하겠습니다:

---

1. 생활 속의 탄소 발자국 조사하기
- 학생들은 가정에서의 에너지 사용량, 사용하는 제품, 타는 교통수단 등을 기록한다.
- 기록한 정보를 바탕으로 자신의 탄소 발자국을 계산하는 온라인 계산기를 사용한다.
- 학생들은 자신의 탄소 발자국을 줄이기 위한 방안을 제안한다.

2. 가정에서의 에너지 절약 방법 연구하기
- 학생들은 가정에서 어떤 활동이 에너지를 가장 많이 소모하는지 조사한다. (예: TV 시청, 냉장고 사용, 컴퓨터 사용 등).
- 학생들은 에너지 소모를 줄일 수 있는 방안을 찾아보고, 실제로 실행해 본 후 결과를 보고한다.

3. 재활용 프로젝트
- 학생들은 학교나 집에서 나오는 재활용 가능한 쓰레기를 모아 본다.
- 이들 재활용품을 사용하여 작은 예술 프로젝트나 유용한 아이템을 만든다.
- 재활용품을 사용하여 만든 작품이나 아이템을 소개하는 포스터나 발표 자료를 만든다.

4. 나무 심기 프로젝트
- 학생들은 기후 변화와 나무 식재의 중요성에 대해 학습한다.
- 학생 또는 학급 단위로 나무를 심는 활동을 기획하고 실행한다.
- 나무를 심은 후의 모습을 사진이나 동영상으로 기록하고, 그 경험에 대한 반성문을 작성한다.

5. 기후 변화에 관한 인터뷰
- 학생들은 부모나 주변의 어른들에게 기후 변화에 관한 의견을 묻는 인터뷰를 진행한다.
- 인터뷰 결과를 바탕으로 기후 변화에 대한 다양한 의견과 대응 방안에 대한 정보를 포스터나 발표 자료로 정리한다.

이러한 수행평가 과제들은 학생들이 기후 변화와 관련된 문제에 대해 실제 생활 속에서 경험하고, 그에 대한 대응 방안을 실제로 실행하면서 학습하는 데 도움을 줄 수 있습니다.

생성된 수행평가 과제들을 보니 충분히 초등학교에서 시행할 수 있을 것 같습니다. 다만 4번 과제의 세 번째 설명에 포함된 ˝반성문˝의 '반성'은 reflection을 잘못 해석한 것 같습니다. 아무래도 영어를 한국어로 번역하는 과정에서 이러한 사소한 오류가 발생할 수 있으니 사용 전에 교사의 점검이 반드시 필요합니다.

챗GPT는 영어로 학습된 언어모델이므로 영어로 질문할 때 가장 자연스러운 답변을 제시하는 경향이 있습니다. 따라서 좀 더 질 높은 답변을 원하는 경우, 영어로 프롬프트를 작성하여 영어로 답변을 받은 후, 마지막에 "한국어로 번역해 주세요."라고 프롬프트를 입력하여 한국어화하는 것도 좋은 방법입니다.

❸ 채점 기준 루브릭 만들기

You
각 과제별로 평가 루브릭(rubric)을 제시해 주세요.

ChatGPT
알겠습니다. 각 수행평가 과제별로 기본적인 평가 루브릭을 제시하겠습니다. 루브릭은 간략한 형태로 제공되며, 세부 내용은 실제 교육 현장의 요구에 따라 조절하실 수 있습니다.

----

1. 생활 속의 탄소 발자국 조사하기

기준	만점(5점)	중간(3점)	최저점(1점)
조사의 완결성	모든 항목을 상세하게 조사	일부 항목 누락	대부분의 항목 누락
계산 정확성	올바르게 계산	일부 오류 있음	대부분 오류 있음
대응 방안 제안	혁신적이고 실행 가능한 방안 제시	일반적인 방안 제시	방안 제시 미흡

2. 가정에서의 에너지 절약 방법 연구하기

기준	만점(5점)	중간(3점)	최저점(1점)
조사의 깊이	다양하고 상세한 에너지 소모원 조사	일부만 조사	조사 미흡
절약 방안	혁신적이고 효과적인 방안 제시	일반적인 방안 제시	방안 제시 미흡
실행 결과 보고	상세하고 명확한 결과 보고	결과만 간단히 보고	보고 미흡

3. 재활용 프로젝트

기준	만점(5점)	중간(3점)	최저점(1점)
재료 활용	다양한 재활용품 활용하여 창작	일부 재활용품만 활용	활용 미흡
창작성	독창적이고 아이디어가 풍부	일반적인 작품 제작	아이디어 미흡
보고서 및 설명	작품의 과정 및 의미 상세 설명	간략한 설명 제공	설명 미흡

4. 나무 심기 프로젝트

기준	만점(5점)	중간(3점)	최저점(1점)
계획성	명확하고 체계적인 계획 수립	대략적인 계획 수립	계획 수립 미흡
실천	나무 심기 활동 성실하게 수행	일부만 수행	심기 활동 미흡
반성 및 보고	경험 및 깨달음을 상세하게 기술	간략한 반성만 기술	반성문 미흡

5. 기후 변화에 관한 인터뷰

기준	만점(5점)	중간(3점)	최저점(1점)
인터뷰 질	깊이 있는 질문 및 다양한 의견 수집	기본적인 질문만 수행	질문 미흡
정보 정리	의견 및 정보를 체계적으로 정리	일부 정보만 정리	정리 미흡
발표 및 보고	내용을 명확하게 전달하는 발표	간략한 발표 수행	발표 미흡

이러한 루브릭을 통해 학생들의 수행평가 과제 수행 능력을 평가하실 수 있습니다. 필요에 따라 세부 내용을 추가하거나 수정하여 사용하실 수 있습니다.

생성된 루브릭을 보면 평가 요소 내의 성취 수준별 기술이 불완전해 보입니다. 증거 중심 평가 설계ECD 관점에서는 채점 기준에 학생들의 수행 증거evidence를 포함하여 수행평가의 타당도를 높일 수 있으므로 구체적인 수행 수준의 예시를 추가로 요구할 수 있습니다. 아래 예시는 위의 1번 문항의 첫 번째 기준인 '조사의 완결성'에 대해 프롬프트를 작성하였습니다.

You

위의 문항 중 1번 문항의 평가 루브릭(rubric)의 "조사의 완결성" 항목에 대해 만점(5점), 중간(3점), 최저점(1점)의 예시를 제시해 주세요.

ChatGPT

네, "조사의 완결성" 항목에 대한 예시를 구체화하여 제시하겠습니다.

----

1. 생활 속의 탄소 발자국 조사하기 – 조사의 완결성

- **만점 (5점)**: 학생은 다음의 항목들을 모두 조사하였다.
  * 가정에서 사용하는 전기와 가스 사용량
  * 주요 가전제품 및 그 사용 시간 (예: TV, 컴퓨터, 에어컨 등)
  * 주로 타는 교통수단 및 그 사용 빈도 (예: 자동차, 버스, 지하철 등)
  * 주요 식단 구성 (육식 중심 vs. 채식 중심)
  * 일주일 동안 구매한 상품 및 그 패키징 (재활용 가능한지, 플라스틱 사용량 등)
  예시: "저는 한 주 동안 에어컨을 하루 4시간씩 켜놓았고, 지하철을 주 5회 타고 다닙니다. 식단은 주로 채식 중심으로, 플라스틱 패키징을 최대한 줄이려고 노력합니다."
- **중간 (3점)**: 학생은 위의 항목들 중 2~3가지 항목만 조사하였다. 일부 세부 정보는 누락되었다.
  예시: "저는 에어컨을 자주 켜놓습니다. 주로 지하철을 타고 다니며, 식단은 채식과 육식이 혼합됩니다."
- **최저점 (1점)**: 학생은 위의 항목들 중 1가지 또는 그 이하의 항목만 조사하였다. 대부분의 세부 정보가 누락되었다.
  예시: "저는 지하철을 타고 다닙니다."

위 예시는 "조사의 완결성" 항목을 평가할 때 참고하실 수 있는 구체적인 기준입니다. 평가 시 학생들의 제출물을 확인하며, 각 항목에 얼마나 부합하는지를 판단하여 점수를 부여하실 수 있습니다.

평가 시행하고 결과 분석하기

- ✔ 디지털 평가 시행하기
- ✔ 디지털 평가 결과 분석하기
- ✔ 챗GPT 이용한 성취 수준 진술하기
- ✔ 문항 및 평가 수정·보완하기

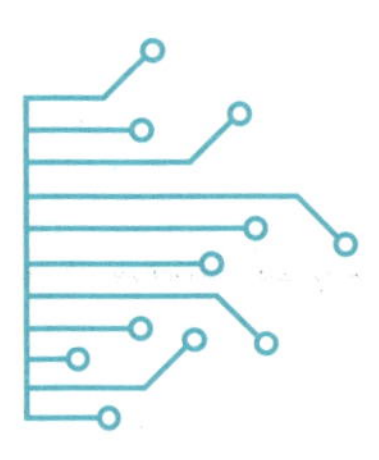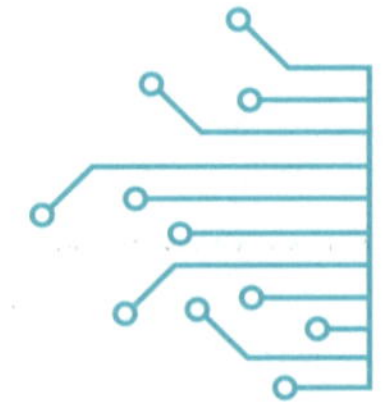

디지털 평가 시행하기

챗GPT로 평가 문항을 만들었다면 이제 디지털 평가를 시행하는 방법에 대해 알아 봅시다. 여기에서는 구글 폼Google forms을 이용하는 방법을 안내해 드리겠습니다. 이를 위해 (1) 구글 폼의 튜토리얼, (2) 문항 등록하는 법, (3) 배포하는 법을 소개하겠습니다.

☼ 구글 폼 튜토리얼

❶ 구글 로그인 > 구글 폼 페이지에 접속하기

▶ 방법 1: 구글 검색창에서 '구글 폼', 'Google forms'를 검색 > 접속

▶ 방법 2: 우측 상단 점으로 이루어진 사각형 형태의 아이콘 클릭 > [Forms] 클릭

❷ **[새 양식 시작하기] 중 [빈 양식] 혹은 [내용 없음] 클릭**

① 평가명을 입력합니다.

[설문지 설명]에는 평가에 대한 간단한 부가 설명을 입력합니다.

② 문항 유형을 선택합니다.

드롭다운 버튼을 누르면 구글 폼에서 구현할 수 있는 다양한 유형이 열거되어 있습니다. 서답형 및 논술형 문항을 출제하고자 한다면 '단답형'과 '장문형'을 선택하면 됩니다. 사용자의 클릭을 응답으로 기록하는 문항은 '객관식 질문', '체크박스', '드롭다운'의 다양한 형태로 선택할 수 있습니다. 리커트 척도 형태의 문항을 만들고자 한다면 '선형 배율'을 선택하고, 행렬 형태의 리커트 척도는 '객관식 그리드'와 '체크박스 그리드'를 선택하면 만들 수 있습니다. 여기서는 기본값인 '객관식 질문'을 선택하고 설명하겠습니다.

③ 질문을 입력합니다.

④ 선지를 입력합니다.

선지를 추가하려면 [옵션 추가]를 클릭하거나, 앞선 선지에 커서를 둔 상태에서 엔터 키를 누르면 됩니다. 여기에서는 5지선다형 문항을 만들 것이므로 옵션을 5개 만듭니다.

⑤ 이 문항을 필수응답 문항으로 둘 것인지 결정하고 표시합니다.

모든 학생이 이 문항에 응답하도록 하기 위해서는 '필수' 우측의 슬라이드를 클릭하여 이 옵션을 활성화해야 합니다.

⑥ 문항에 대한 도움말을 입력합니다.

세로 점 세 개로 이루어진 옵션 아이콘을 클릭하면 '게재' 옵션들이 나옵니다. 이 중 [설명]을 클릭해 체크합니다. ③의 밑에 생성된 [설명] 빈 줄을 활용하여 학생들에게 문항의 점수, 채점 기준, 기타 도움말 등 문항에 대한 설명을 제공합니다.

⑦ 만든 문항을 복사하여 두 벌을 만듭니다.

문항을 복사하면 여기에 변형을 가하여 이후 문항을 보다 간편히 만들 수 있습니다.

⑧ 불필요한 문항은 삭제합니다.

❸ [양식 수정하기] 옵션 활용하기

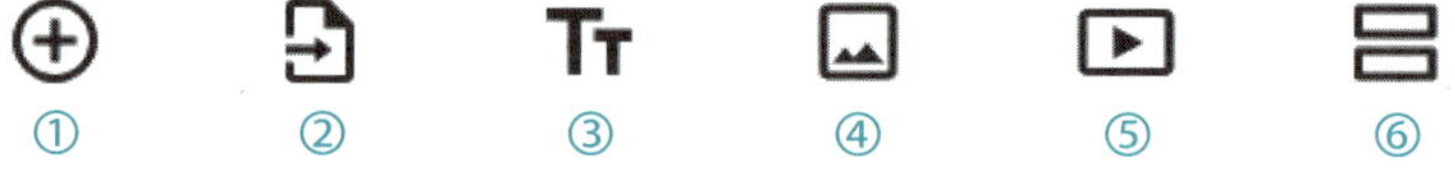

① [질문 생성하기] 새로운 문항을 생성합니다.

② [질문 가져오기] 이전에 만들어 둔 문항을 불러올 수 있습니다.

③ [제목 및 설명 추가] 섹션 내 제목과 설명을 추가할 수 있습니다.

④ [이미지 추가] 문항, 제목, 설명 등에 이미지를 추가할 수 있습니다. 이미지는 업로드, 웹캠, URL, 기기에 저장되어 있는 사진, 구글 드라이브에 업로드한 사진, 구글 이미지 검색 등의 방법으로 넣을 수 있습니다.

⑤ [동영상 추가] 문항, 제목, 설명 등에 동영상을 추가할 수 있습니다. 동영상은 유튜브나 동영상 URL로 입력할 수 있습니다.

⑥ **[섹션 추가]** 섹션이란 학생의 화면에서 하나의 웹페이지로 보이는 면을 의미합니다. 섹션을 나누면 학생은 [다음] 버튼을 클릭하여 이어지는 새 면으로 넘어갈 수 있습니다. 각 문항을 서로 다른 섹션으로 나눌 수도 있고 일련의 문항군을 하나의 섹션으로 둘 수도 있습니다.

❹ [설정] 탭 > [퀴즈로 만들기] 활용하기

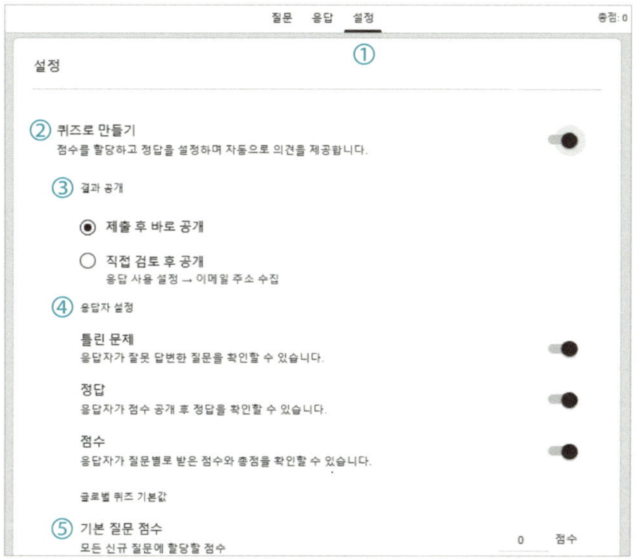

① 세 개의 탭 가운데 [설정]을 클릭합니다.

② [퀴즈로 만들기] 우측 슬라이드를 클릭하여 기능을 활성화합니다.

이 기능을 활성화하면 하단에 새로운 옵션들이 펼쳐집니다. 옵션을 설정하고 나면 문항을 입력해 넣는 [질문] 탭에서 문항의 배점 설정, 답변 관련 의견 추가, 정답 선택 기능 등을 활성화됩니다.

③ [결과 공개]의 [제출 후 바로 공개]와 [직접 검토 후 공개] 가운데 적절한 것을 선택합니다.

[제출 후 바로 공개]는 형성평가에서처럼 학생이 평가를 완료하고 제출했을

때 결과를 바로 보여 주는 경우이고, [직접 검토 후 공개]는 제출된 평가를 교사가 채점한 뒤 그 결과를 이후 별도 시점에 공개하는 경우입니다.

④ [응답자 설정]의 [틀린 문제] 기능은 학생에게 오답 문항들을 보여 주는 기능입니다.

[정답] 기능은 점수가 공개된 이후에 학생에게 답을 보여 주는 기능입니다.

[점수] 기능은 질문별 점수와 총점을 학생이 확인할 수 있도록 해 주는 기능입니다.

⑤ [기본 질문 점수]에서는 모든 문항에 동일한 점수를 일괄 부여할 수 있습니다.

❺ [질문] 탭에서 배점 입력하고 정답, 오답 해설 입력하기

앞선 과정에서 [설정] 〉[퀴즈로 만들기] 기능을 활성화했다면 [질문] 탭의 각 문항 하단에 [답안] 아이콘이 생성되어 있습니다. 이 아이콘을 클릭합니다.

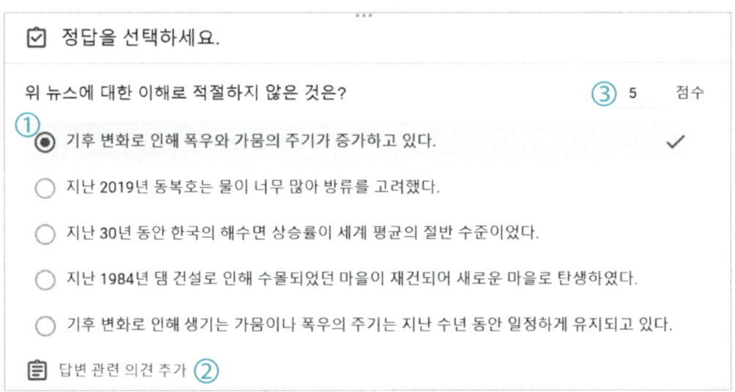

① 선지 중 정답을 설정합니다. 선지 중 하나를 클릭하면 해당 선지가 초록색 바탕으로 바뀌고 우측에 초록색 체크 표시가 생성됩니다.

② 하단의 [답변 관련 의견 추가]를 클릭하면 [정답]과 [잘못된 답변(오답)]에 대한 해설 혹은 피드백을 입력할 수 있습니다.

여기에는 링크나 유튜브 동영상도 입력할 수 있어서, 문항에 대한 해설 영상 등 다양한 콘텐츠를 학생들에게 제공할 수 있습니다.

③ 문제 우측 빈칸에 문항 배점을 입력합니다. 배점은 0~999999 사이의 자연수를 입력할 수 있습니다.

❻ [설정] 하단 > [응답] 설정하기

① **[이메일 주소 수집]** [수집하지 않음], [인증됨], [응답자 입력]의 세 가지 중 하나를 선택할 수 있습니다. 구글 G-suite를 사용하는 학교의 선생님이라면 [인증됨]을 선택하세요. 학교 구글 이메일 계정으로 로그인한 상태의 학생들이 평가에 응시할 수 있도록 할 수 있습니다. 그렇지 않고 학생의 학교 이메일 계정이 없는 학교의 선생님은 [응답자 입력]을 선택하세요. 학생들에게 자신의 학번과 이름을 입력하도록 안내할 수 있습니다.

② **[응답자에게 응답 사본 전송]** 학생들이 입력한 문항 응답지의 복사본을 학생의 이메일 계정으로 발송해 주는 기능입니다. 위의 [이메일 주소 수집]에서 [인증됨] 혹은 [응답자 입력]을 선택한 경우에 활성화시킬 수 있습니다. 하지만 일반적으로 학생들에게 응답지의 사본은 제공하지 않습니다.

③ **[응답 수정 허용]** 학생이 응답을 제출한 이후에도 응답을 수정할 수 있도록 하는 기능입니다. 하지만 평가 종료 후에 응답을 수정할 수 있도록 한다면 평가 보안test security에 취약점이 발생하게 되므로 이 기능은 비활성화하는 것이 좋습니다.

④ **[응답 횟수 1회로 제한]** 평가 한번 제출한 학생이 다시 접속해서 응답을 수정할 수 없도록 하는 기능으로, 평가 보안을 높여 줍니다. 이 기능은 학생이 구글 계정에 로그인하는 경우에만 이용할 수 있습니다. 총괄평가나 수행평가는 평가 보안이 중요한 만큼 이 기능을 활성화할 필요가 분명한 반면 형성평가는 상대적으로 평가 보안보다는 학습의 확인과 점검에 초점을 두므로 여건에 따라 이 기능의 사용 여부를 결정할 수 있습니다.

❼ [설정] 하단 > [프레젠테이션] 설정하기

[프레젠테이션] 항목은 디지털 평가를 시행할 때 학생들에게 보이는 화면, 즉 UIUser Interface를 관리하는 부분입니다.

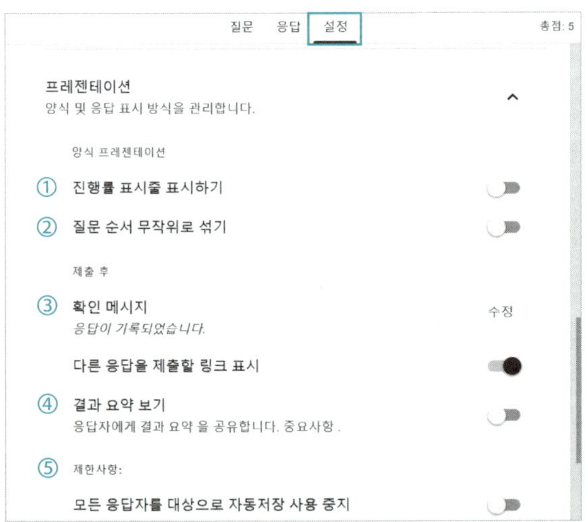

① **[양식 프레젠테이션]의 [진행률 표시줄 표시하기]**

학생들이 문항을 풀면서 자신의 진행 상황을 확인할 수 있는 가로 막대 표시줄을 제공하는 기능입니다. 지필 시험의 쪽수와 유사한 기능으로 이 기능을 활성화하면 학생들이 평가 시간 중에 자신의 문항 진행 정도를 확인하면서 평가에 응할 수 있어서 제한된 시간을 효율적으로 사용하도록 도움을 줄 수 있습니다.

② [질문 순서 무작위로 섞기]

교사가 만든 평가 내의 문항들의 순서를 무작위random로 섞어서 제시하는 기능입니다. 일반적으로 사회과학 분야에서 설문조사의 편향을 줄이기 위해 사용하는 방법인데 교실 평가에서는 난이도순이나 평가 요소순으로 문항 제시 순서가 고정된 경우가 많으므로 이 기능을 비활성화하는 것이 좋습니다. 예외적으로 형성평가를 시행할 때 학생 간 정답 공유를 방지하기 위해 이 기능을 사용할 수 있습니다.

③ [확인 메시지] [제출 후]의 세 가지 기능은 응답을 제출한 학생들에게 나타나는 페이지를 관리하는 기능들입니다. [확인 메시지]로는 학생들이 응답을 완료한 뒤 제출 버튼을 눌렀을 때 보여줄 메시지를 수정 및 입력할 수 있습니다.

④ [결과 요약 보기] 해당 학급 혹은 평가 집단의 평가 결과를 학생들과 공유하는 기능입니다. 이 기능을 활성화해 두면 학생들은 [결과 요약]을 확인하여 자신의 응답 및 점수를 동료의 응답 및 점수와 비교하며 확인할 수 있습니다.

⑤ [제한사항] [모든 응답자를 대상으로 자동저장 사용 중지]는 학생들이 평가를 시행할 때 브라우저를 닫거나 해당 창을 새로고침하는 경우, 기존의 응답이 삭제되도록 하는 기능입니다. 학생들이 UI에 익숙하지 않거나 인터넷 접속 환경이 고르지 못할 경우 응답이 정확하게 기록될 수 없기 때문에

이 기능은 비활성화하는 것이 좋습니다.

❽ [설정] 하단 > [기본값] 설정하기

[기본값] 항목은 새로운 평가를 생성할 때 적용되는 기본 사양을 관리하는 부분입니다.

① [양식 기본값]

새로운 양식에서 기본적으로 이메일 주소를 수집하도록 할 것인지 여부를 설정하는 기능입니다. 이는 상단 [응답] 항목의 [이메일 주소 수집] 옵션에 대한 기본값 설정 기능입니다.

② [질문 기본값]

새로운 양식에서 만드는 질문을 기본적으로 필수 질문으로 지정할 것인지 여부를 결정하는 기능입니다. 일반적으로는 입력한 문항을 모두 평가에 활용하기 때문에 이 기능을 활성화해 두면 좋습니다.

☼ 문항 등록하기

이제 챗GPT로 생성한 문항들을 구글 폼에 옮기는 작업을 수행합니다. 여기서는 국어 읽기 형성평가를 만들어 보겠습니다.

❶ 문항 등록 전 환경설정하기

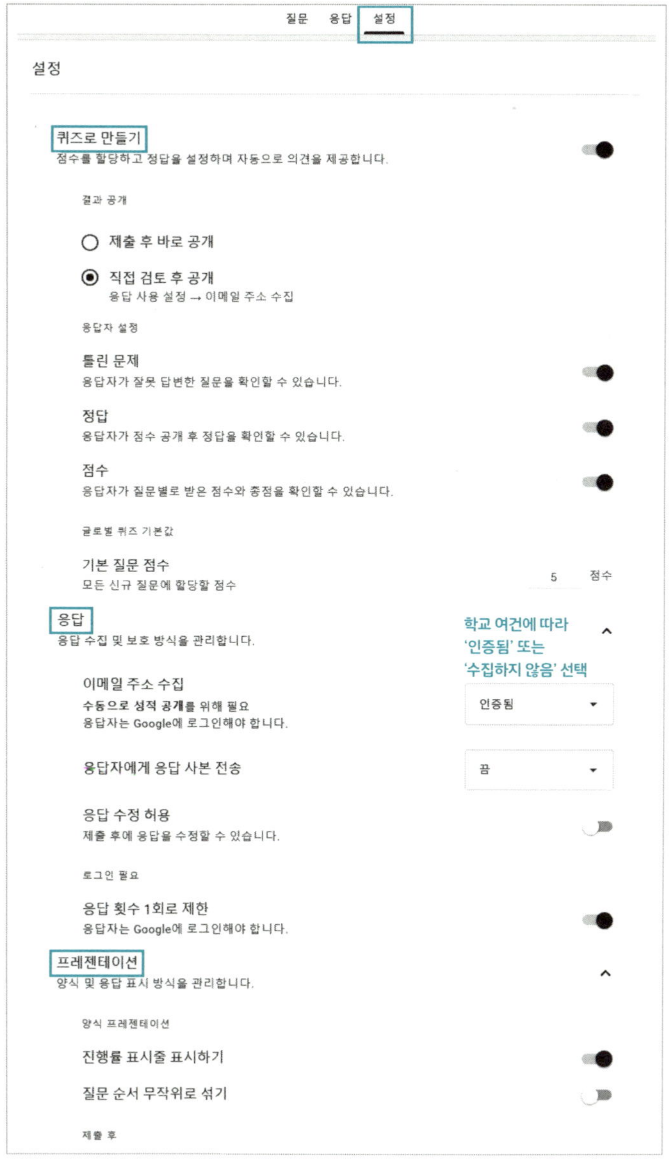

❷ 평가 문항 등록하기

1. 질문과 지문을 입력합니다.

   1-1. '질문' 부분에 생성된 평가 문항의 '질문'을 입력합니다.

   1-2. 문항에 지문이 있는 경우 우측 바의 '제목 및 설명 추가' 아이콘을 클릭하여 생성된 칸에 지문을 입력합니다.

   1-3. 문항에 동영상이 있는 경우 우측 바의 '동영상 추가' 아이콘을 클릭하여 나타난 팝업 창에서 유튜브 콘텐츠를 검색하여 '선택' 버튼을 클릭하거나 두 번째 탭의 'URL'을 클릭하여 사용하고자 하는 유튜브 콘텐츠의 웹 주소를 붙여 넣기하여 '선택' 버튼을 클릭합니다.

   1-4. 문항에 이미지나 그래프, 차트 등 이미지 형태의 자료가 있는 경우 '질문' 부분을 클릭하여 우측에 나타난 이미지 아이콘을 클릭해 이미지를 업로드하여 사용할 수 있습니다.

2. 선지를 입력합니다. [옵션 1] 등의 부분에 평가 문항의 선지를 순서대로 입력합니다.

3. 정답을 설정하고 해설 또는 피드백을 입력합니다. [답안] 아이콘을 클릭한 뒤 정답 선지를 선택한 뒤 [정답 관련 의견] 및 [오답 관련 의견]을 입

력합니다.

4. 다음 문항을 작성하려면 [섹션 추가]를 눌러 섹션을 구분합니다.

5. 1~4의 과정을 반복합니다. 이 과정을 통해 디지털 평가를 구성할 수 있습니다.

6. 디지털 평가를 구성한 뒤 선생님은 반드시 우측 상단의 [미리 보기] 아이콘을 클릭하여 실제 학생들에게 제공될 UI상에서 교사의 의도가 제대로 구현이 되었는지를 확인해야 합니다. 직접 문항별 정답을 체크해 보면서 평가가 의도한 대로 올바르게 시행이 되는지, 채점이 제대로 진행이 되는지, 피드백이 제대로 제공이 되는지 등 확인 과정을 꼭 거쳐야 합니다.

이제 평가를 시행합니다. 만약 구글 클래스룸이나 클래스팅, 리로 스쿨 등 온라인 학급 또는 수업 공간이 있는 경우라면 평가 링크 URL을 쉽게 제공함으로써 학생들이 평가에 참여하도록 할 수 있습니다.

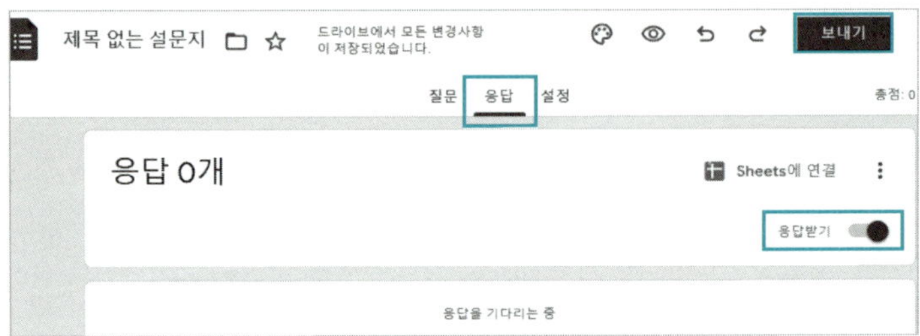

1. [응답] 탭에서 [응답받기]를 활성화합니다. 활성화하면 이제 해당 디지털 평가의 응답이 수집됩니다.

2. 우측 상단 [보내기] 버튼을 눌러서 링크 등을 생성하는 창을 엽니다.

3. [전송용 앱] 부분의 세 아이콘 중 두 번째 있는 링크 아이콘을 클릭하면 하단에 배포용 링크가 생성됩니다. 아래에 있는 [URL 단축] 체크박스를 클릭하면 짧은 URL이 생성되어서 이용하기 편리합니다. [복사]를 클

196

릭하면 해당 링크가 복사됩니다. 이제 원하는 곳에 붙여넣기를 실행하여
평가를 배포할 수 있습니다.

4. 한편 온라인 클래스가 없는 환경에서는 학생들에게 평가 URL 링크를
제공하기가 쉽지 않습니다. 이 경우에는 평가 링크를 QR 코드로 생성하
여 학생에게 제시할 수 있습니다.

앞선 방법으로 평가 링크 URL을 복사했다면 QR 코드를 생성할 수 있
는 사이트로 이동합니다. 무료로 QR 코드를 생성할 수 있는 사이트를
소개합니다.

QR 코드 생성하기
https://ko.qr-code-generator.com/

우선 'Enter your website or text' 부분에 복사한 URL 주소를 붙여 넣습니다.
[QR 코드 생성]을 클릭하면 QR 코드가 생성됩니다.
[다운로드]를 클릭하여 클라우드나 노트북에 다운로드한 뒤 교실에서 해당 QR 코드를 보여주
거나, 디지털 교과서에 첨부하여 학생들에게 디지털 평가를 제공할 수 있습니다.

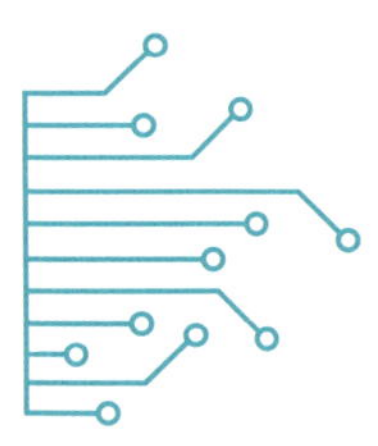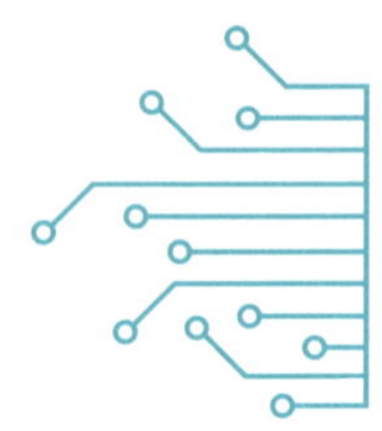

디지털 평가 결과 분석하기

디지털 평가 시행에 따른 학생들의 응답을 수집하고 문항 정보를 분석하는 방법에 대해 알아보겠습니다. 여기에서는 (1) 구글 폼Google Forms의 응답 수집, (2) 고전검사이론CTT을 활용한 문항 정보 분석의 방법을 설명합니다. 또한 (3) 챗GPT를 활용하여 학생의 성취 수준을 진술하는 방법과 (4) 챗GPT를 활용하여 문항을 수정하는 방법을 설명합니다.

응답 수집하기

디지털 평가는 실시간으로 학생들의 응답response을 수집합니다. 학생들의 응답은 구글 폼의 [응답] 탭에서 확인할 수 있습니다. 아래는 뉴스 동영상에 대한 사실적 이해를 묻는 형성평가 도구에 대한 응답을 수집한 사례입니다.

[요약] 탭

[요약] 탭은 학생들의 응답에 대한 기본적인 정보를 대시보드의 형태로 제공합니다. [통계] 항목은 평균, 중앙값, 총점수의 범위를 수치로 제공하고 동시에 총점수의 분포를 막대그래프로도 시각화하여 보여 줍니다. [자주 놓치는 질문] 항목은 정답이 50% 이하인 문항을 보여 줍니다. 해당 문항을 클릭하면 각 문항의 선지 반응 분포를 확인할 수 있습니다.

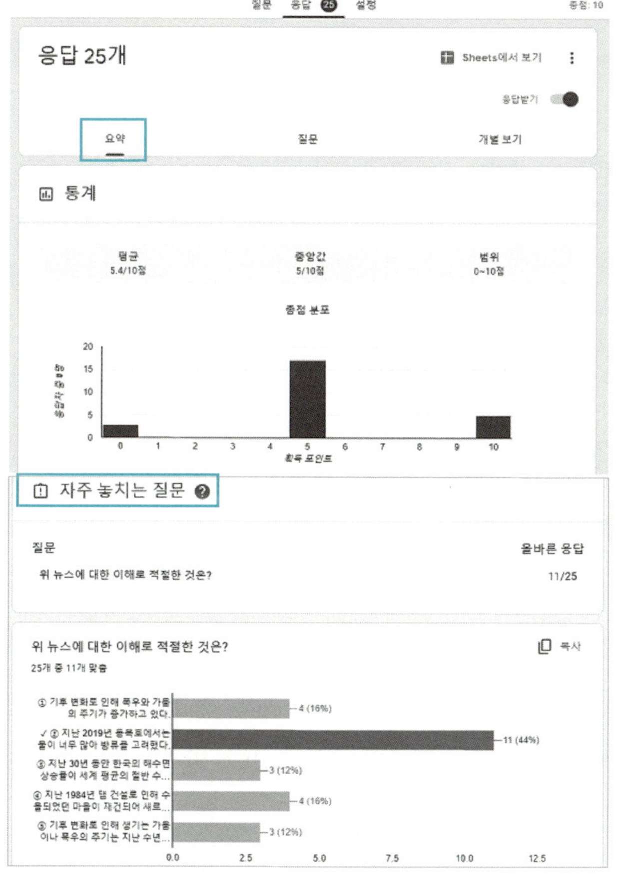

정답 선지에 반응 빈도가 80% 이상이면 매력적인 오답이 없는 문항이라 판단할 수 있습니다. 한편 특정 오답지에 대한 반응 빈도가 정답 선지에 비해 높게 나왔을 때는 문항 난이도가 매우 높거나 문항에 오류가 있을 가능성이 있다고 분석할 수 있습니다.

[질문] 탭

[질문] 탭은 개별 문항의 선지별 응답을 제공합니다. 이 탭은 개별 문항에 대한 학생들의 반응을 살펴볼 때 활용할 수 있습니다. 그리고 정답 선지에 응답한 개수, 정답 선지의 해설을 확인할 수 있습니다. 추가로 해설을 수정할 수 있고, 정/오답을 다시 설정할 수 있으며, 점수 배점 또한 추가로 설정할 수 있는 기능을 제공하고 있습니다.

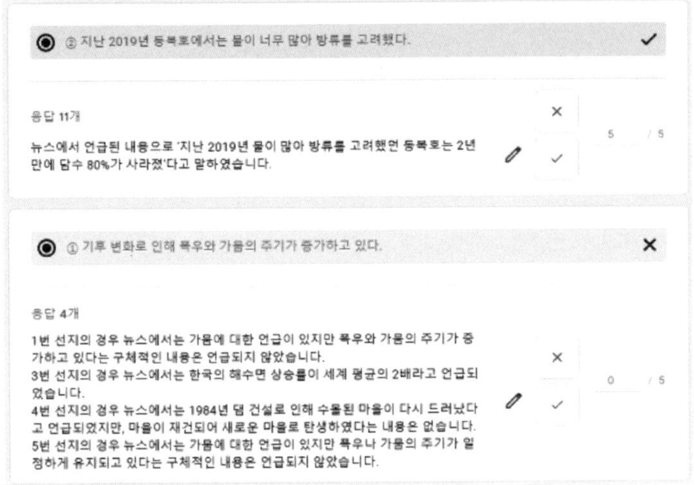

[개별 보기] 탭

[개별 보기] 탭에서는 학생별 응답을 확인할 수 있습니다. 이를 통해 개별 학생의 문항별 응답 정보와 성취 수준에 대한 정보를 얻을 수 있습니다. 또한 각 문항에 대해 개별 피드백을 제공할 수 있어, 맞춤형 피드백을 제공할 수 있습니다.

✴ 응답 분석하기

앞에서 확인한 정보는 문항에 대한 학생들의 반응을 기술 통계의 측면에서 바라본 것입니다. 여기서는 교육 평가의 측면에서 고전검사이론Classical Test Theory을 활용해 좀 더 구체적으로 문항의 정보를 확인할 수 있는 방법을 소개합니다.

전처리하기

❶ 우선 [응답] 탭 우측 상단의 [Sheet에 연결]을 클릭합니다. 이는 학생들의 문항 반응을 행과 열의 시트 형식으로 변환하는 것입니다.

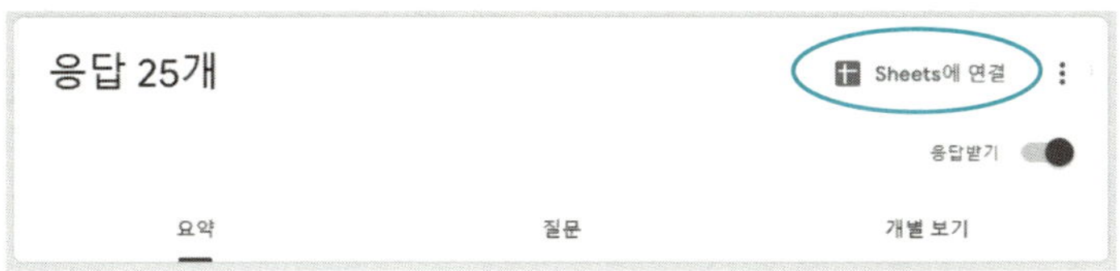

❷ 팝업 창의 [응답 저장 위치 선택]에서 [새 스프레드시트 만들기]를 클릭합니다. 우측에서 구글 시트 파일명을 수정할 수 있습니다. 그런 다음 하단 [만들기]를 클릭합니다.

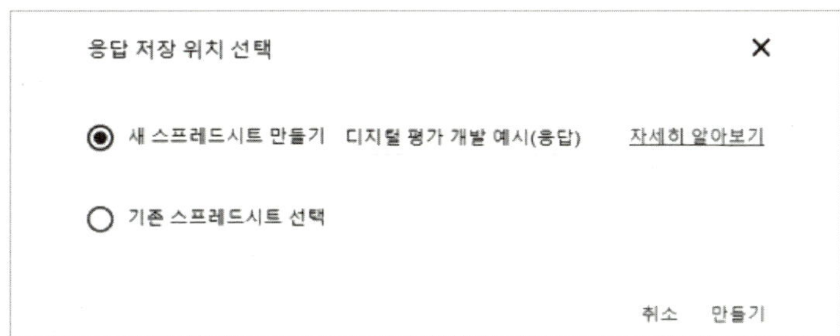

❸ [만들기]를 클릭하면 새 크롬 탭에 구글 시트가 생성됩니다. 이 양식은 엑셀과 같은 형식의 스프레드시트입니다.

1행에는 데이터 항목들이 제시되어 있고, 2행부터 학생별 응답이 기록되어 있습니다. 1열은 '타임스탬프'로 학생들이 응답을 제출한 시각이 기록되어 있고 2열은 '점수'로 해당 평가의 총 점수가 기록되어 있습니다.

3열(C열)부터 학생들의 응답이 기록되어 있습니다. 구글 폼은 채점을 자동화하지만 개별 문항의 채점값을 제시하지 않으므로, 문항별로 정답을 1, 오답을 0으로 변환해야 CTT로 분석할 수 있습니다. 이를 위해 원본 시트의 사본을 생성하여 사본에서 작업을 수행합니다.

먼저 정답 반응을 1로 바꿉니다. 변환 방법은 각 문항별로 해당 열을 선택한 다음, Ctrl + H를 눌러 [찾기 및 바꾸기]를 실행합니다. 정답 선지를 [찾기]에 복사하여 붙여넣기 하고, [바꾸기]에 1을 입력한 다음 [모두 바꾸기]를 클릭합니다.

다음으로 오답 반응을 0으로 바꿉니다. 상단 바의 [메뉴] 중 [데이터]를 클릭하고 [필터 만들기]를 클릭합니다. 그러면 시트 내의 1열에 필터 드롭다운 버튼이 생성됩니다. 해당 문항의 문항 옆 드롭다운 아이콘을 클릭하여, 1을 제외한 나머지 선지를 체크하여 [확인]을 클릭합니다. 그러면 오답 반응만 필터링되어 제시되고, 이 오답 반응을 모두 0으로 바꿔 줍니다.

이와 같은 방식으로 CTT 분석을 위한 전처리 작업을 수행할 수 있습니다.

디지털 평가 개발 예시(응답)

파일 수정 보기 삽입 서식 데이터 도구 확장 프로그램 도움말

	A 타임스탬프	B 점수	C 위 뉴스에 대한 이해로	D 위 뉴스의 주제에 대한	E
2	2023. 6. 16 오전 10:38:4	5 / 5	1	0	
3	2023. 6. 16 오전 10:38:5	0 / 5	0	1	
4	2023. 6. 16 오전 10:39:1	0 / 5	0	0	
5	2023. 6. 17 오전 10:39:1	5 / 5	1	1	
6	2023. 6. 18 오전 10:39:1	0 / 5	0	1	
7	2023. 6. 19 오전 10:39:1	0 / 5	0	1	
8	2023. 6. 20 오전 10:39:1	5 / 5	1	1	
9	2023. 6. 21 오전 10:39:1	0 / 5	0	1	
10	2023. 6. 22 오전 10:39:1	0 / 5	0	0	
11	2023. 6. 23 오전 10:39:1	5 / 5	1	0	
12	2023. 6. 24 오전 10:39:1	0 / 5	0	0	
13	2023. 6. 25 오전 10:39:1	0 / 5	0	0	
14	2023. 6. 26 오전 10:39:1	5 / 5	1	1	
15	2023. 6. 27 오전 10:39:1	0 / 5	0	1	
16	2023. 6. 28 오전 10:39:1	0 / 5	0	1	
17	2023. 6. 29 오전 10:39:1	5 / 5	1	1	
18	2023. 6. 30 오전 10:39:1	0 / 5	0	1	
19	2023. 7. 1 오전 10:39:12	0 / 5	0	0	

CTT로 분석하기

전처리가 끝난 응답을 CTT 분석 시트로 옮겨 분석을 시행합니다. 여기서는 20문항의 총괄평가에 대해 20명의 학생이 응답한 자료를 통해 분석 사례를 제공합니다.

이 시트에는 CTT로 문항을 분석할 수 있는 구글 앱 스크립트Google App Script가 내장되어 있습니다. 이 시트에 내장된 스크립트에는 CTT로 문항 난이도item difficulty와 문항 변별도item discrimination을 분석합니다. CTT에

CTT 분석시트 받기

서 문항 난이도는 문항의 어려운 정도를 나타낸 지수로 0~1 사이의 값을 가지고 0에 가까울수록 어려움을, 1에 가까울수록 쉬움을 나타냅니다. 일반적으로 문항 난이도가 0.4~0.8 사이에 위치하면 적절하다고 판단합니다. 문항 변별도는 해당 문항이 상위 집단과 하위 집단을 변별하는 정도를 나타낸 지수로 -1 ~ +1 사이의 값을 가집니다. 문항 변별도 지수가 +1에 가까울수록 상위 집단이 문항을 맞추고 하위 집단이 문항을 맞추지 못함을 의미하며, 이는 문항이 상하위 집단을 잘 변별하고 있다는 것을 나타냅니다. 반면 문항 변별도 지수가 0에 가까우면 상위 집단과 하위 집단이 동일하게 문항을 맞춘 것이므로 해당 문항이 상하위 집단을 변별하지 못함을 의미합니다. 문항 변별도 지수가 -1에 가깝다면 상위 집단은 문항을 맞추지 못하고 하위 집단이 문항을 맞춘 것을 의미하므로 문항 설계에 오류가 있을 수 있음을 의미합니다. 문항 변별도의 기준index는 0.3 이상이면 변별력이 있는 문항으로 간주하고, 0.2~0.3이면 변별력이 낮은 문항으로 봅니다. 0.2 미만이면 변별력이 매우 낮거나 변별력이 없는 문항으로 간주합니다.

먼저 위 링크의 분석 시트를 복제하여 사본을 생성합니다. 응답 시트에서 1과 0으로 변환한 응답값을 복사하여 분석 시트 사본의 응답값 양식에 붙여넣습니다.

아래 그림을 보면 1열에 20명의 학생 식별 번호STUID가 있고, 각 열별로 Q1~Q20까지의 문항에 대한 학생들의 응답 채점값이 0과 1의 값으로 제시되어 있습니다. 응답값을 입력하면 앱 스크립트가 작동하여 자동으로 문항 난이도와 변별도를 계산해 줍니다.

STUID	Q1	Q2	Q3	Q4	Q5	Q6	Q7	Q8	Q9	Q10	Q11	Q12	Q13	Q14	Q15	Q16	Q17	Q18	Q19	Q20	총점
101	1	1	1	1	1	0	1	1	1	1	0	1	1	1	0	1	1	1	1	1	17
102	1	1	1	1	1	1	1	1	0	1	1	1	1	1	1	1	1	1	1	1	19
103	1	0	0	0	0	1	0	0	0	0	1	0	0	1	1	0	0	1	0	0	6
104	1	0	0	0	1	0	0	0	1	1	0	1	0	0	1	0	0	0	0	0	6
105	1	0	1	0	0	1	0	0	0	1	0	0	0	1	0	1	0	1	0	0	7
106	1	0	1	0	1	0	1	0	0	1	1	1	0	1	0	0	1	0	0	0	9
107	1	1	1	1	1	1	1	1	1	1	1	1	1	0	1	1	1	1	1	1	19
108	1	0	1	0	0	0	0	0	0	0	0	0	1	1	1	0	1	1	0	0	7
109	1	0	1	1	1	1	1	0	1	1	1	0	1	1	1	0	1	0	1	1	15
110	1	1	1	1	0	0	1	0	1	0	1	0	1	0	1	1	1	1	1	1	14
111	0	1	0	0	0	0	0	1	0	0	1	1	0	0	0	1	0	0	0	0	5
112	1	1	1	1	0	1	1	1	1	1	1	1	0	1	1	1	1	1	1	1	18
113	1	0	1	0	1	0	0	1	0	1	1	0	0	1	0	1	1	0	1	0	10
114	1	0	0	1	0	1	0	1	0	1	1	0	0	1	0	0	1	0	0	0	8
115	1	1	0	0	0	0	0	0	0	0	1	0	0	0	1	0	0	0	1	0	5
116	0	0	0	0	1	0	0	1	0	0	1	1	0	1	0	1	0	0	1	0	7
117	1	0	0	0	0	0	0	0	0	0	1	0	1	0	0	0	0	1	0	0	4
118	1	0	1	1	0	1	0	1	0	1	1	0	1	0	1	1	0	1	0	0	11
119	1	0	0	0	0	1	0	0	0	0	0	0	0	0	0	0	1	0	0	0	3
120	1	1	1	1	1	1	1	1	1	1	1	1	1	1	1	0	1	1	1	1	19
난이도	0.9	0.4	0.6	0.45	0.45	0.5	0.4	0.5	0.35	0.6	0.75	0.45	0.5	0.55	0.55	0.5	0.6	0.55	0.5	0.35	
변별도	0.05	0.15	0.25	0.25	0.15	0.15	0.25	0.2	0.15	0.2	0.05	0.15	0.2	0.15	0.1	0.15	0.2	0.2	0.2	0.25	

그림 하단의 난이도 행에는 각 문항별 난이도가 제시되어 있습니다. 아래 예시에서는 1, 9, 20번 문항의 난이도가 정상 범주에 속하지 않은 것으로 나타 납니다. 다음으로 변별도 행을 살펴보면 각 문항별 변별도가 제시되어 있습니다. 전반적으로 변별도가 낮게 나타났으며 1, 2, 5, 6, 9, 11, 12, 14, 15, 16번 문항은 변별력이 없는 것으로 볼 수 있습니다.

이와 같은 문항 분석을 통해 얻은 문항 정보를 활용하여 문항을 수정하거 나 교체할 수 있습니다.

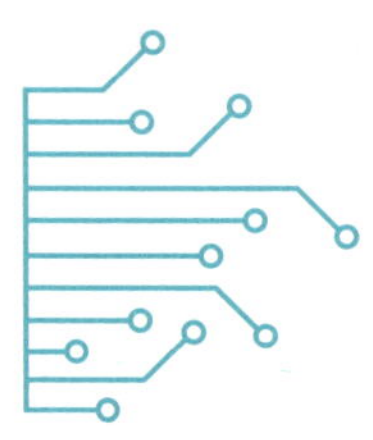
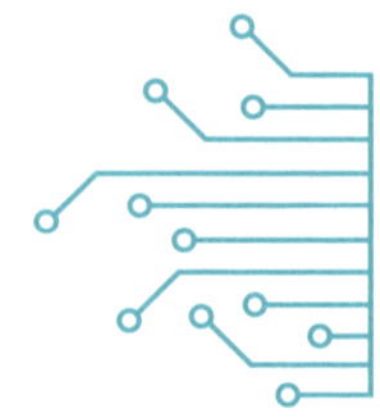

챗GPT 이용한
성취 수준 진술하기

챗GPT는 기계 학습 모델을 기반으로 한 언어 처리 도구로, 텍스트 데이터를 분석하고 해석하는 데 유용한 여러 기능을 갖추고 있습니다. 챗GPT의 이런 특성을 이용해 이 절에서는 챗GPT를 이용해 학생들의 평가 결과를 분석하고 이를 통해 성취 수준을 진술하는 방법에 대해 소개합니다.

성취 수준을 진술하기 위해서는 먼저 평가 결과가 필요합니다. 설명을 위해 초등학교 6학년 2학기 과학 "계절의 변화" 단원의 가상의 평가와 결과를 살펴봅시다. 아래는 5문항으로 이루어진 가상의 평가입니다.

평가 문항의 수가 많아 프롬프트에 입력해야 할 글자 수가 많은 경우 'ChatGPT PROMPTs Spiltter'를 사용하면 한 번에 긴 텍스트도 입력할 수 있습니다. 구글에서 'prompt splitter'를 검색하면 다음 링크를 찾아 들어갈 수 있습니다.
[Long PROMPTs Splitter] https://chatgpt-prompt-splitter.jjdiaz.dev

1. 다음 중 계절에 따른 태양의 남중 고도에 대한 설명으로 옳은 것은 어느 것입니까? (   )

   ① 태양의 남중 고도는 봄에 가장 높다.
   ② 태양의 남중 고도는 여름에 가장 낮다.
   ③ 태양의 남중 고도는 가을에 가장 낮다.
   ④ 태양의 남중 고도는 겨울에 가장 높다.
   ⑤ 태양의 남중 고도는 여름에 가장 높고 겨울에 가장 낮다.

2. 다음 중 계절에 따른 낮과 밤의 길이에 대해 옳게 설명한 것은 무엇입니까? (   )

   ① 낮의 길이는 여름에 가장 짧다.
   ② 밤의 길이는 겨울에 가장 길다.
   ③ 낮의 길이는 봄이 여름보다 길다.
   ④ 밤의 길이는 가을이 겨울보다 길다.
   ⑤ 낮과 밤의 길이는 계절에 상관없이 일정하다.

3. 다음 중 겨울에 기온이 낮은 까닭으로 옳은 것을 고르시오. (   )

   ① 밤의 길이가 짧기 때문이다.
   ② 태양의 온도가 변하기 때문이다.
   ③ 태양과 지구 사이의 거리가 멀어지기 때문이다.
   ④ 태양의 남중 고도가 높기 때문이다.
   ⑤ 단위 면적의 지표면에 도달하는 태양 에너지의 양이 적기 때문이다.

4. 지구의 자전축이 공전 궤도면에 수직인 채 태양 주위를 공전한다면 나타날 현상을 바르게
   예상하여 설명한 것은 무엇입니까? (   )

   ① 계절별로 기온이 달라진다.
   ② 여름과 겨울만 계속 나타난다.
   ③ 계절의 변화가 나타나지 않는다.
   ④ 태양의 남중 고도가 계절별로 변한다.
   ⑤ 지표면에 도달하는 태양 에너지의 양이 달라진다.

5. 다음 (   ) 안에 들어갈 말로 옳은 것은 어느 것입니까? (   )

> 지구의 자전축이 기울어진 채 태양 주위를 공전하기 때문에 지구의 위치에 따라
> 태양의 남중 고도가 달라지면서 (   )의 변화가 생긴다.

   ① 계절   ② 소리   ③ 습도   ④ 낮과 밤   ⑤ 그림자 색깔

다음은 위의 평가 문항에 대한 가상의 학생 5명의 평가 결과를 엑셀 프로그램에 정리한 것입니다. 이때 맞힌 경우는 1, 틀린 경우는 0으로 표시하였습니다.

	A	B	C	D	E	F	G
1	STID	item1	item2	item3	item4	item5	
2	A1	1	0	1	0	0	
3	A2	1	0	1	1	1	
4	A3	1	1	1	1	0	
5	A4	1	1	1	1	1	
6	A5	0	1	1	1	0	
7							

평가 결과 (csv 파일로 저장)

이제 이 문항과 평가 결과를 챗GPT에게 전달해야 합니다. 만약 챗GPT 4를 이용하고 있다면 csv 파일을 바로 업로드할 수 있습니다. 그러나 이 형식으로는 챗GPT가 평가 결과를 인식하지 못합니다. 따라서 파일 확장자를 변경해 주어야 합니다. 이를 위해 위 그림과 같은 엑셀 파일의 확장자를 '.csv (CSV UTF-8 쉼표로 분리)'로 저장합니다. 이렇게 저장된 파일은 각 열과 행이 쉼표로 구분되어 있습니다. 이제 이 파일을 윈도우 메모장으로 열면 모든 준비가 완료됩니다. 해당 '*.csv' 파일에서 [마우스 우클릭 〉 연결 프로그램 〉 메모장]을 선택합니다. 그럼 아래와 같은 창을 확인할 수 있습니다.

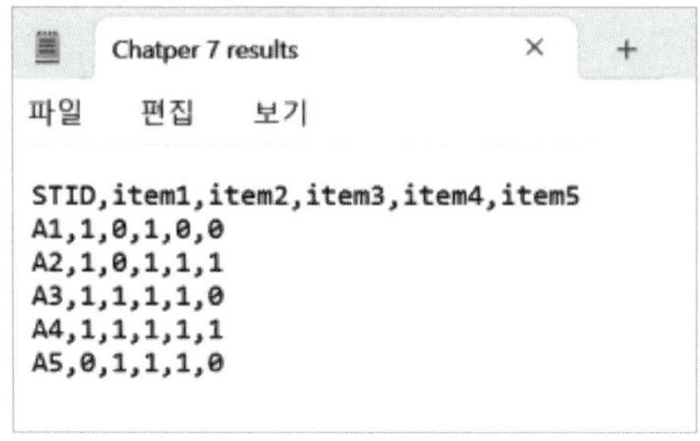

메모장으로 연 *.csv 파일

이렇게 성취 수준 진술에 필요한 모든 준비를 마쳤습니다! 이제 챗GPT에게 성취 수준 진술을 위한 정보들을 제공하기 위한 프롬프트를 작성해 보겠습니다.

You

당신은 초등학교 교사입니다. 초등학교 6학년 과학 "계절의 변화" 단원 평가 결과를 이용해 각 학생별로 성취 수준을 진술하려고 합니다. 먼저 5개의 평가 문항은 다음과 같습니다. :

###

1. 다음 중 계절에 따른 태양의 남중 고도에 대한 설명으로 옳은 것은 어느 것입니까? ( )

① 태양의 남중 고도는 봄에 가장 높다.
② 태양의 남중 고도는 여름에 가장 낮다.
③ 태양의 남중 고도는 가을에 가장 낮다.
④ 태양의 남중 고도는 겨울에 가장 높다.
⑤ 태양의 남중 고도는 여름에 가장 높고 겨울에 가장 낮다.

2. 다음 중 계절에 따른 낮과 밤의 길이에 대해 옳게 설명한 것은 무엇입니까? ( )

① 낮의 길이는 여름에 가장 짧다.
② 밤의 길이는 겨울에 가장 길다.
③ 낮의 길이는 봄이 여름보다 길다.
④ 밤의 길이는 가을이 겨울보다 길다.
⑤ 낮과 밤의 길이는 계절에 상관없이 일정하다.

3. 다음 중 겨울에 기온이 낮은 까닭으로 옳은 것을 고르시오. ( )

① 밤의 길이가 짧기 때문이다.
② 태양의 온도가 변하기 때문이다.
③ 태양과 지구 사이의 거리가 멀어지기 때문이다.
④ 태양의 남중 고도가 높기 때문이다.
⑤ 단위 면적의 지표면에 도달하는 태양 에너지의 양이 적기 때문이다.

4. 지구의 자전축이 공전 궤도면에 수직인 채 태양 주위를 공전한다면 나타날 현상을 바르게 예상하여 설명한 것은 무엇입니까? ( )

① 계절별로 기온이 달라진다.
② 여름과 겨울만 계속 나타난다.
③ 계절의 변화가 나타나지 않는다.
④ 태양의 남중 고도가 계절별로 변한다.
⑤ 지표면에 도달하는 태양 에너지의 양이 달라진다.

ChatGPT

위의 5개의 문항은 모두 "계절의 변화"에 관련한 핵심적인 개념을 다루고 있습니다. 각 문항별로 어떤 개념에 대해 물음을 던지고 있는지 설명해 보겠습니다:

문항 1: 태양의 남중 고도와 계절의 관계

이 문항은 태양의 남중 고도와 계절 간의 관계를 묻고 있습니다. 학생들은 계절에 따른 태양의 남중 고도 변화를 이해하고, 각 계절마다 태양이 어느 위치에 있을 때 태양의 남중 고도가 가장 높거나 낮은지를 파악해야 합니다.

문항 2: 낮과 밤의 길이와 계절의 관계

이 문항은 계절에 따른 낮과 밤의 길이 변화에 대한 이해를 묻고 있습니다. 학생들은 계절에 따라 낮과 밤의 길이가 어떻게 달라지는지를 파악하고, 어떤 계절에 어떤 상황이 나타나는지를 설명해야 합니다.

문항 3: 겨울 기온과 태양의 남중 고도의 관계

이 문항은 겨울에 기온이 낮은 이유와 관련된 개념을 묻고 있습니다. 학생들은 태양의 남중 고도와 겨울 기온 간의 관계를 이해하고, 낮의 길이가 짧은 겨울에 왜 기온이 낮아지는지를 설명해야 합니다.

문항 4: 지구의 자전축과 계절의 변화

이 문항은 지구의 자전축 기울기와 계절의 변화와의 관련성을 묻고 있습니다. 학생들은 지구의 자전축이 기울어진 상태에서의 공전이 어떤 현상을 일으키는지를 이해하고, 이로 인해 계절의 변화가 생기는 원리를 설명해야 합니다.

문항 5: 지구의 자전축 기울기와 계절의 변화

이 문항은 지구의 자전축이 기울어진 상태에서 계절의 변화가 어떻게 발생하는지에 대한 원리를 설명하도록 학생들에게 요구합니다. 학생들은 자전축 기울기로 인해 태양의 남중 고도 변화가 발생하고, 이로 인해 계절의 변화가 생기는 것을 설명해야 합니다.

이러한 문항을 통해 학생들은 태양의 위치와 각도 변화가 계절의 변화에 어떤 영향을 미치는지를 이해하고 설명할 수 있도록 되도록 돕는 것이 중요합니다.

각 문항별로 질문하는 내용들을 잘 파악하고 있음을 확인했습니다. 그럼 이제 위의 문항들을 이용한 구체적인 평가 결과를 제시해 보겠습니다.

You
좋습니다. 이제 위의 5개 문항에 대한 5명의 학생의 평가 결과를 알려 드리겠습니다. csv 파일은 다음과 같이 이루어졌습니다.

\###
1. 1열은 5명의 학생 식별 번호이다.
2. 2열부터 6열은 순서대로 위의 5개의 평가 문항의 채점 결과이다.
3. 맞힌 문항은 1, 틀린 문항은 0으로 표시되었다.
\###

평가 결과 csv파일은 다음과 같습니다. :

\###
STID,item1,item2,item3,item4,item5
A1,1,0,1,0,0
A2,1,0,1,1,1
A3,1,1,1,1,0
A4,1,1,1,1,1
A5,0,1,1,1,0
\###

이제 위의 결과들을 종합해서 다음 조건에 맞게 각 학생별로 성취 수준을 작성해 주세요. :

\###
1. 맞힌 문항을 근거로 학생이 알고 있는 개념이 무엇인지 서술한다.
2. 틀린 문항을 근거로 학생에게 보충학습이 필요한 개념이 무엇인지 서술한다.
\###

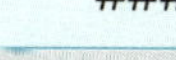

ChatGPT
물론, 학생들의 평가 결과를 바탕으로 각 학생의 성취 수준을 분석하고 맞힌 문항과 틀린 문항을 근거로 알고 있는 개념과 보충학습이 필요한 개념을 작성해 보겠습니다.

학생 A1:

– 맞힌 문항: 문항 1, 문항 3

– 틀린 문항: 문항 2, 문항 4, 문항 5

– 알고 있는 개념: 태양의 남중 고도는 계절에 따라 변한다는 개념을 이해하고 있습니다. 또한, 겨울에 기온이 낮아지는 이유에 대해서도 어느 정도 이해하고 있습니다.

– 보충학습이 필요한 개념: 낮과 밤의 길이와 계절의 관계, 지구의 자전축 기울기와 계절의 변화에 대한 개념을 보충학습이 필요합니다.

학생 A2:

– 맞힌 문항: 문항 1, 문항 3, 문항 4, 문항 5

– 틀린 문항: 문항 2

– 알고 있는 개념: 태양의 남중 고도와 계절 간의 관계, 겨울 기온과 태양의 남중 고도의 관계, 지구의 자전축 기울기와 계절의 변화를 이해하고 있습니다.

– 보충학습이 필요한 개념: 낮과 밤의 길이와 계절의 관계에 대한 개념을 보완하면 도움이 됩니다.

학생 A3:

– 맞힌 문항: 모든 문항(문항 2에서 선택지 2를 선택한 것을 제외하고 모두 맞힘)

– 알고 있는 개념: 모든 개념을 상당히 잘 이해하고 있습니다.

– 보충학습이 필요한 개념: 특별히 보충학습이 필요한 개념은 보이지 않습니다.

학생 A4:

– 맞힌 문항: 모든 문항

– 알고 있는 개념: 모든 개념을 잘 이해하고 있습니다.

– 보충학습이 필요한 개념: 특별히 보충학습이 필요한 개념은 보이지 않습니다.

학생 A5:

– 맞힌 문항: 문항 2, 문항 3, 문항 4

– 틀린 문항: 문항 1, 문항 5

– 알고 있는 개념: 낮과 밤의 길이와 계절의 관계, 겨울 기온과 태양의 남중 고도의 관계, 지구의 자전축 기울기와 계절의 변화를 어느 정도 이해하고 있습니다.

– 보충학습이 필요한 개념: 태양의 남중 고도와 계절 간의 관계, 지구의 자전축 기울기와 계절의 변화에 대한 개념을 보충학습이 필요합니다.

이렇게 학생별로 맞힌 문항과 틀린 문항을 기반으로 개념의 이해 정도와 보충학습이 필요한 부분을 분석하였습니다. 이 정보를 토대로 각 학생의 학습 방향을 결정하고 보충학습이나 개별 지도가 필요한 부분을 진행할 수 있을 것입니다.

챗GPT가 각 학생의 평가 결과를 바탕으로 알고 있는 개념과 보충학습이 필요한 개념을 정리했습니다. 학생들에게 본인의 성취 수준을 안내할 때는 이런 형식도 좋지만 두세 문장으로 쓴 글의 형식도 많이 활용됩니다. 이를 위해 다음과 같이 챗GPT에게 지시해 보겠습니다.

You

위에서 작성한 내용을 학생별로 두 세 문장으로 정리해 주세요.

ChatGPT

물론, 각 학생별로 요약된 내용을 두 세 문장으로 정리해 드리겠습니다:

학생 A1:
A1 학생은 태양의 남중 고도와 겨울 기온과 관련된 개념을 이해하고 있으며, 그러나 낮과 밤의 길이와 계절의 관계, 지구의 자전축 기울기와 계절의 변화에 대한 개념이 부족한 것으로 나타났습니다. 따라서 낮과 밤의 길이의 변화와 지구의 자전축 기울기에 대한 보충학습이 필요합니다.

학생 A2:
A2 학생은 태양의 남중 고도와 계절 간의 관계, 그리고 겨울 기온과 태양의 남중 고도의 관계를 잘 이해하고 있습니다. 그러나 낮과 밤의 길이와 계절의 관계에 대한 개념을 더 확실히 이해할 필요가 있습니다.

학생 A3:
A3 학생은 모든 문항을 맞혔으며, 태양의 남중 고도, 계절 간의 변화, 지구의 자전축 기울기와 관련된 모든 개념을 잘 이해하고 있는 것으로 나타났습니다.

학생 A4:
A4 학생은 모든 문항을 맞혔으며, 태양의 남중 고도, 계절 간의 변화, 지구의 자전축 기울기와 관련된 모든 개념을 잘 이해하고 있는 것으로 나타났습니다.

학생 A5:
A5 학생은 낮과 밤의 길이와 계절의 관계, 그리고 겨울 기온과 태양의 남중 고도의 개념을 어느 정도 이해하고 있습니다. 그러나 태양의 남중 고도와 계절 간의 관계, 지구의 자전축 기울기와 계절의 변화에 대한 이해를 더 보완해야 합니다.

분석 결과를 바탕으로 학생별 성취 수준(문장형) 작성

학생 A3은 문항 5를 틀렸는데 모든 문항을 맞혔다고 말한 것을 제외하면 대체로 잘 진술한 것 같습니다. 이 학생의 성취 수준을 다시 쓰라고 해야겠네요.

You
학생 A3는 문항 5를 틀렸는데 왜 다 맞혔다고 썼나요? 다시 고쳐서 써 주세요.

ChatGPT
죄송합니다. 학생 A3의 평가 결과를 잘못 기입한 것 같습니다. 올바른 내용으로 수정하여 다시 제시해드리겠습니다:

학생 A3:
A3 학생은 대부분의 문항을 맞혔으나 문항 5에서 오답을 기록했습니다. 태양의 남중 고도와 계절 간의 관계, 그리고 겨울 기온과 태양의 남중 고도의 개념을 이해하고 있는 것으로 판단됩니다. 특히 문항 5에서의 오답을 통해 태양의 남중 고도와 계절 간의 변화에 대한 이해를 더 강화해야 할 필요가 있습니다.

잘못 분석한 결과에 대한 정정 요청

이와 같이 챗GPT를 이용하면 학생들의 성취 수준을 보다 쉽게 진술할 수 있습니다. 그러나 위와 같은 오류가 간혹 발생할 수 있으니 반드시 챗GPT로 생성된 결과를 점검하는 과정이 필요하겠습니다.

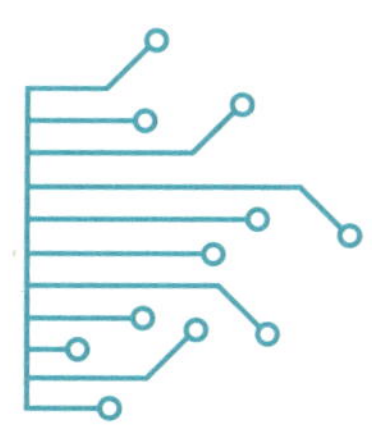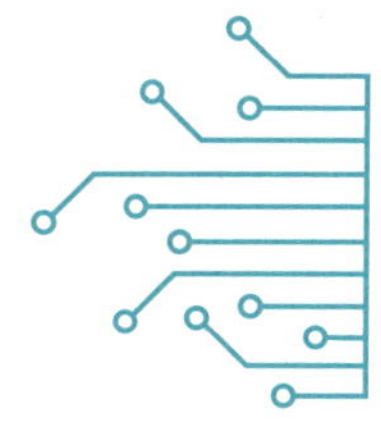

문항 및 평가
수정·보완하기

학습과 평가는 교육의 핵심입니다. 평가는 단순히 학생의 이해도나 성취도만을 파악하기 위한 도구가 아닌, 교육과정의 향상을 위한 중요한 피드백 도구로서의 역할을 합니다. 이를 바탕으로, 평가 결과의 깊은 분석은 문항과 평가 전반의 보완 및 수정에 있어서 필수적이라고 할 수 있습니다.

우리는 이전 장들에서 챗GPT의 힘을 활용하여 문항과 평가를 개발하는 방법들을 다루어왔습니다. 이번 절에서는 평가의 마지막 단계로서 챗GPT를 이용해 평가 결과를 근거로 평가나 문항을 어떻게 더 효과적으로 개선하고 이를 새로운 평가 개발에 반영할 수 있을지 살펴보고자 합니다.

예시는 중학교 2학년 학생들을 대상으로 한 진단 평가 결과를 바탕으로 다음 년도 평가를 수정, 보완하는 상황으로 설정하였습니다. 우선, 다루고자 하는 평가의 내용 범위를 설정하고자 2015 개정 교육과정의 성취기준을 제시하였으며, 문항 정보표*에 제시된 평가 문항들의 내용을 간략하게 제시하였습니다.

---

* 2022학년도 중학교 2학년 기초학력 진단평가 (과학)의 문항 정보표의 일부를 발췌한 것임.

평가하고자 하는 성취기준 및 문항의 내용 정보 입력

챗GPT에게 평가의 범위와 평가 내용에 대해 학습을 시켰습니다. 이번에는 평가의 수정, 보완의 기준이 될 학생들의 평가 결과를 제시해 봅시다. 평가 결과는 앞서 설명한 방법과 동일하게 표 형식의 데이터를 .csv 파일로 저장하여 전달합니다. 이를 위해 작성한 표가 어떻게 구성되어 있는지 챗GPT에게 설명 해야겠지요. 그리고 표 설명에 이어 평가 결과를 프롬프트에 입력합니다. 평가 결과를 입력하는 방법을 다시 짚어보면 다음과 같습니다. 먼저 평가 결과를 엑셀 파일에 입력한 후 .csv 파일로 저장합니다. 그리고 저장한 파일을 마우스 우클릭해서 메모장으로 열어 내용을 복사, 붙여넣기 하면 됩니다.

평가 결과를 제시하고 나면 이를 기반으로 평가를 수정, 보완하라고 해야 겠지요. 이를 위해 마지막에 평가를 수정, 보완하라는 명령을 추가하겠습니다. 수정, 보완 기준을 보다 명확히 하고자 이에 대한 내용도 교사가 원하는 방향 으로 함께 제시해 주었습니다. 이 기준은 평가의 성격이나 목적, 또는 평가자 가 원하는 방향으로 자유롭게 수정할 수 있겠습니다.

 **You**
다음은 이 평가에 대한 학생들의 평가 결과입니다. 이 표는 아래와 같이 해석합니다.:
###
1. 1열은 학생 ID이다.
2. 2열 ~ 10열은 각각 문항 1부터 문항 9를 나타낸다.
3. 문항을 맞힌 경우는 1, 틀린 경우는 0으로 표시하였다.
###

결과 표는 다음과 같습니다.:

###
STID,item 1,item 2,item 3,item 4,item 5,item 6,item 7,item 8,item 9,
a1,1,1,1,1,0,0,1,1,1,7
a2,1,1,0,0,0,1,0,0,0,3
a3,0,0,1,1,1,1,1,1,1,7
a4,0,0,0,1,0,1,1,0,1,4
a5,0,1,1,0,1,0,0,1,0,4
a6,1,1,1,1,0,0,1,0,1,6
a7,0,0,1,1,1,1,0,0,1,5

a8,0,1,0,0,0,0,1,1,1,4
a9,0,0,1,1,0,1,0,0,0,3
a10,0,1,1,0,1,0,0,0,1,4
a11,1,0,0,0,1,0,1,1,1,5
a12,1,1,0,1,0,1,0,0,0,4
a13,0,1,1,1,0,1,0,1,1,6
a14,1,1,0,1,1,1,1,1,1,8
a15,0,1,0,1,0,1,1,1,1,6
a16,1,0,0,0,1,1,1,1,1,6
a17,1,0,1,0,1,1,1,1,1,7
a18,0,1,0,1,0,0,0,1,0,3
a19,0,1,0,0,1,0,0,0,0,2
a20,1,1,1,0,1,0,1,0,0,5
###

이 결과를 가지고 평가를 어떻게 보완할 수 있을지 설명해 주세요. 기준은 다음과 같습니다.:

###
수정 및 보완 기준:
1. 학생들이 많이 틀린 문항에 대해 분석하고 보완점을 제시한다.
2. 학생들이 많이 맞힌 문항에 대해 분석하고 보완점을 제시한다.
3. 성취기준과 평가 문항을 비교해서 더 추가할 내용의 문항이 있는지 확인한다.
###

 **ChatGPT**

주어진 결과를 기반으로 평가를 보완하는 방법은 다음과 같습니다. 주어진 수정 및 보완 기준에 따라 학생들의 성취 수준과 틀린 문항, 맞힌 문항을 분석하여 평가를 조정할 수 있습니다.

1. 학생들이 많이 틀린 문항에 대한 보완:
- 문항 5 (암석의 다양한 광물로 구성)에서 학생들이 많이 틀렸습니다. 이 문항을 더 간단한 용어로 설명하거나, 시각적인 자료를 추가하여 광물들 간의 관계를 명확히 할 수 있도록 수정할 수 있습니다.

2. 학생들이 많이 맞힌 문항에 대한 보완:
- 문항 1, 2, 4 (지구계의 구성 요소, 지권의 층상 구조, 암석의 특징)에서 학생들이 많이 맞혔습니다. 이 부분을 더 깊이있게 다루는 내용을 추가하여 학생들의 이해도를 높일 수 있습니다.

3. 성취기준과 평가 문항 비교 및 추가 내용 확인:
- 성취기준에 "지각을 이루는 암석을 생성 과정에 따라 분류할 수 있으며, 암석의 순환 과
  정을 설명할 수 있다"라는 내용이 포함되어 있습니다. 하지만 이 내용과 관련된 문항이
  평가에 없습니다. 이에 해당하는 문항을 추가하여 학생들의 암석에 대한 이해를 더욱 확
  장시킬 수 있습니다.

추가적인 고려 사항:
- 학생들이 낮은 점수를 받은 문항의 특징을 분석하여, 학생들이 어떤 부분에서 어려움을
  겪는지 파악하는 것이 중요합니다. 이를 토대로 문제의 난이도나 문항의 표현 방식을 조
  정할 수 있습니다.
- 시각적인 자료나 다이어그램을 활용하여 추상적인 개념을 더 명확하게 설명할 수 있습
  니다.
- 각 문항의 난이도와 분포를 고려하여, 난이도 조절을 통해 학생들의 다양한 수준을 평가
  할 수 있습니다.

마지막으로, 학생들의 피드백과 성취 수준을 계속 모니터링하며 평가를 지속적으로 개선
해 나가는 것이 중요합니다.

평가 결과를 기반으로 평가(검사) 분석

챗GPT가 제시한 평가를 수정, 보완하는 방향을 살펴보면, 먼저 학생들이 많이 틀린 문항 5 (암석의 다양한 광물로 구성)에 보다 쉬운 용어로 설명하거나 시각 자료를 추가해서 학생의 이해를 돕는 방식을 제안했습니다. 다음으로 학생들이 많이 맞힌 문항 1, 2, 4 (지구계의 구성 요소, 지권의 층상 구조, 암석의 특징)에 대해서는 좀 더 깊이 있는 내용을 다루어 학생들의 이해를 높일 수 있음을 제안했네요. 또한 성취기준과 비교하여 평가 문항에서 빠진 내용들을 분석해서 더 추가되어야 할 부분에 대해 분석도 해주었습니다. 이렇게 평가 결과를 기반으로 어떤 문항의 난이도를 조절하는 것이 좋을지, 또는 어떤 내용들을 추가적으로 다루면 좋을지 등 다음 평가를 위해 개선하는 방법을 살펴보았습니다. 챗GPT가 제시한 내용을 기반으로 평가를 수정, 보완하여 다음 학년도 평가를 개발하는 데 도움을 받을 수 있겠습니다.

안전하게 따라하는
챗GPT 평가개발

초판 1쇄 발행 2024년 5월 10일
초판 2쇄 발행 2024년 11월 1일

지은이 오규설, 염성군, 이다연 지음

펴낸이 이형세
펴낸곳 테크빌교육(주)
편집 한아정 | **디자인** 곰곰사무소
주소 서울시 강남구 언주로 551, 프라자빌딩 5층/8층 | **전화** (02)3442-7783(333)

ISBN 979-11-6346-190-6 (93370)

책값은 뒤표지에 있습니다.

테크빌 교육 채널에서 교육 정보와 다양한 영상 자료, 이벤트를 만나세요!

블로그 blog.naver.com/njoyschoolbooks   **페이스북** facebook.com/njoyschool79
티처빌 teacherville.co.kr   **티처몰** shop.teacherville.co.kr
쌤동네 ssam.teacherville.co.kr